Elmar Lange, Jugendkonsum

Elmar Lange

Jugendkonsum

Empirische Untersuchungen über Konsummuster, Freizeitverhalten und soziale Milieus bei Jugendlichen in der Bundesrepublik Deutschland

Leske + Budrich, Opladen 1991

Der Autor:
Prof. Dr. Elmar Lange, geboren 1943, Universitätsprofessor für Soziologie an der Fakultät für Soziologie der Universität Bielefeld

Für Martin und Andreas,
zwei durchaus konsumfreudige Jungen

Die Deutsche Bibliothek — CIP-Einheitsaufnahme

Lange, Elmar:
Jugendkonsum : empirische Untersuchungen über Konsummuster, Freizeitverhalten und soziale Milieus bei Jugendlichen in der Bundesrepublik Deutschland / Elmar Lange. — Opladen : Leske und Budrich, 1991
ISBN: 3-8100-0878-8

Druck und Verarbeitung: Druckpartner Rübelmann, Hemsbach

Printed in Germany

Inhaltsverzeichnis

I. Problemstellung

Die vorliegende Studie beschäftigt sich schwerpunktmäßig mit dem Konsum von Jugendlichen in der Bundesrepublik Deutschland, und zwar sowohl in den alten als auch - mit gewissen Einschränkungen - in den fünf neuen Bundesländern. Im Vordergrund stehen Fragen nach der Höhe, der Herkunft und der Verwendung der Einkommen der Jugendlichen, nach dem Besitz von und dem Wunsch nach Konsumgütern sowie nach den Kriterien, nach denen sie einkaufen. Weiterhin möchten wir wissen, wie die Jugendlichen ihre Freizeit verbringen, welche Musik sie gerne hören und welche Zeitungen und Zeitschriften sie lesen. Darüberhinaus interessiert uns, wie die Jugendlichen über die Umweltprobleme denken, was sie für sich selbst oder für die Gesellschaft für wichtig halten, welche Lebensstile sie pflegen und in welchen Milieus sie leben.

In bezug auf diese Fragestellungen steht die Untersuchung in einer langen Tradition speziell auf die Jugendlichen bezogener Konsumstudien, die für die alten Länder der Bundesrepublik während der 60er Jahre einen Höhepunkt erreichten (vgl. u.a. Bergler 1962, Scharmann 1965, Blücher 1966, Rosenmayr u.a. 1969), aber auch in den späteren Jahren systematisch fortgesetzt wurden (Blücher 1975, Scharmann 1976, Jugendwerk der Deutschen Shell 1975, 1982, 1985, Bravo 1981, 1982, Sinus-Institut 1981, 1983, 1984, 1985, Statistisches Bundesamt 1984, Biervert 1987). Da neue empirische Studien aber weder für die Länder der ehemaligen Bundesrepublik noch für die ehemalige DDR vorliegen, wie zuletzt noch Vaskovic und Schneider (1989, S. 409) in einem Übersichtsartikel zum Jugendkonsum beklagen, geht es zunächst um die rein deskriptive Darstellung des Jugendkonsums und seine Erklärung.

Darüberhinaus sollen speziell für die Jugendlichen der ehemaligen Bundesrepublik aber noch zwei tiefer liegende Problemstellungen bearbeitet werden. Die erste Problemstellung stammt aus der Wirtschaftssoziologie, ist aber auch der ökonomischen Wirtschaftstheorie seit langem bekannt. Sie betrifft die Wirksamkeit des Preismechanismus auf Märkten von Gütern und

Dienstleistungen, die nicht unmittelbar mehr für die Befriedigung von Grundbedürfnissen benötigt werden. Wenn im Durchschnittshaushalt der ehemaligen Bundesrepublik gegenwärtig etwa die Hälfte des Einkommens als diskretionäres Einkommen nicht mehr für die Befriedigung der Grundbedürfnisse nach Nahrung, Kleidung, Wohnung und Bildung benötigt wird und somit relativ frei verfügbar erscheint, stellt sich die Frage, nach welchen Kriterien dieses Einkommen verwendet wird.

Theoretische Überlegungen, aber auch zahlreiche empirische Untersuchungen sowohl aus der Ökonomie (vgl. u.a. Leibenstein 1950, Streissler 1966, Adlwarth 1983) als auch aus der Soziologie (u.a. Veblen 1899, Lange 1989) legen seit langer Zeit die These nahe, daß die diskretionären Einkommensteile nicht mehr nur der Befriedigung der unmittelbaren ökonomischen Bedürfnisse oder der Sicherung langfristiger Bedürfnisbefriedigung in Form des Sparens dienen, sondern zunehmend Bedürfnisse nach sozialer Differenzierung sowie nach individueller Selbstverwirklichung zu befriedigen haben. Eine derartige Vermutung liegt bereits früheren Modellen konsumbezogener Bedürfnishierarchien zugrunde (vgl. Veblen 1899, Leibenstein 1950, McGregor 1960, Fürstenberg 1970), die davon ausgehen, daß mit zunehmender Befriedigung elementarer Bedürfnisse Bedürfnisse höherer Art zu befriedigen gesucht werden. Bestätigungen für diese These finden sich in den ökonomisch-atypischen Nachfrageverhaltensweisen, die mit den Begriffen Mitläufer-Effekt (bandwagon-effect), Snob-Effekt, Veblen-Effekt sowie neuerdings mit dem Begriff des demonstrativen Konsums (Adlwarth 1983) belegt sind. Wenn aber Konsum nicht mehr nur die instrumentellen ökonomischen Funktionen der unmittelbaren Bedürfnisbefriedigung oder der langfristigen Sicherung der Bedürfnisbefriedigung, sondern zunehmend Funktionen der sozialen Differenzierung und der individuellen Selbstverwirklichung mitzuerfüllen hat, stellt sich die Frage, ob unter diesen Bedingungen der Preismechanismus noch seine Funktion der Steuerung von Angebot und Nachfrage adäquat erfüllen kann. Es stellt sich die Frage, ob und inwieweit z.B. auf Luxusgütermärkten oder auf Güter- und Dienstleistungsmärkten, die Angebote zur individuellen Selbstverwirklichung bieten, die Orientierung an Preisen vernachlässigt wird zugunsten der Orientierung an der Prestigeträchtigkeit oder Selbstverwirklichungsfähigkeit dieser Güter und Dienstleistungen. Im ökonomischen Sprachgebrauch ist damit auf diesen Märkten, auf denen in der Regel inhomogene Güter und Dienstleistungen angeboten und nachgefragt werden, nur noch mit schwachen negativen Preiselastizitäten oder gar mit positiven Elastizitäten zu rechnen (z.B. beim Auftreten des Veblen-Effekts).

Dieses Phänomen ist an sich, wie gesagt, nicht neu: Angehörige der gesellschaftlichen Eliten haben offensichtlich zu allen Zeiten den Konsum vor allem auch zur Demonstration des eigenen Status und zur individuellen Abgrenzung genutzt. Neu ist jedoch, daß mit der säkularen Ausweitung diskretionärer Einkommensteile in den meisten westlichen Industriegesellschaften große Teile der Bevölkerung in die Lage versetzt erscheinen, diesen Konsumaspekten bzw. - funktionen Rechnung zu tragen. Damit aber ergeben sich erhebliche Konsequenzen sowohl für die marktwirtschaftliche Theorie als auch für die Praxis etwa der Preisgestaltung der Unternehmen, die Güter und Dienstleistungen auf den genannten Märkten anbieten.

Die Vermutung einer Reduktion der Preisorientierung sollte nicht zuletzt besonders gut bei Jugendlichen getestet werden können, deren Einkommen zum größten Teil als diskretionär bezeichnet werden kann. Solange die Jugendlichen im Haushalt ihrer Eltern wohnen, benötigen sie ihr Einkommen überwiegend nicht zur unmittelbaren Bedürfnisbefriedigung, die von den Eltern sichergestellt wird, sondern allenfalls zu Ansparzwecken sowie zur Befriedigung von Bedürfnissen, die vermutlich zu einem erheblichen Teil auf soziale Differenzierung und individuelle Selbstverwirklichung gerichtet sind (vgl hierzu die Diskussion z.B. in Sinus 1985, Schnibben 1986). In wirtschaftssoziologischer Sicht stellt sich damit die Frage nach den dominanten Kriterien und Merkmalen jugendlichen Konsums.

Aus der hier vorgestellten "neuen" ökonomischen Situation ergibt sich auch die zweite grundlegende Fragestellung; sie betrifft die im Rahmen der neueren Ungleichheitsforschung, aber auch im Rahmen der neueren Konsumforschung (vgl. z.B. Wiedmann/Raffée 1986, Wiedmann 1984) wiederholt aufgestellte These, daß vor allem im mittleren Bereich der Schichtungspyramide die sozialen Schichten zunehmend aufgelöst und durch nach verschiedenen Wertmaßstäben horizontal gebildete soziale Milieus ersetzt werden. Für das vorliegende Projekt stellt sich damit die Frage, ob sich im Bereich der Jugendlichen abgrenzbare soziale Milieus finden lassen, die u.a. auf der Basis von gleichartigen Konsumeinstellungen, allgemeinen Werthaltungen und Lebensstilen sowie gleichgelagerten Konsumverhaltensweisen entstehen. Damit stellt sich zum weiteren die Frage, ob und inwieweit traditionelle vertikal differenzierende Status- und Schichtzuordnungskriterien wie Bildung, Einkommen und soziale Herkunft ersetzt werden zugunsten horizontal differenzierender Kriterien der Zuordnung der Jugendlichen zu bestimmten sozialen Milieus wie z.B. grundlegende personen- oder gesellschaftsbezogene Werthaltungen und Lebensstile, wie von der Lebensstilforschung nahegelegt (vgl u.a. Wiedmann 1984, Gluchowski 1987). Trifft die hier geäußerte Vermutung zu, würde der milieutheoretische Ansatz der sozialen Ungleichheitsforschung eine Bestätigung zu Lasten des sogenannten vertikalen Paradigmas erfahren (vgl.Krause/Schäuble 1988).

II. Theoretischer Ansatz

1. Vorbemerkungen

Wer die Frage nach Konsumstilen und Konsumverhaltensweisen von Jugendlichen stellt, der kann heute, von allgemeinsoziologischen Ansätzen abgesehen, zu ihrer Beantwortung im wesentlichen auf zwei Ansätze zurückgreifen:

1. auf Ansätze aus dem Bereich der Jugendforschung, in denen u.a. dem Konsum- und Freizeitverhalten der Jugendlichen als einer besonderen Altersgruppe Beachtung geschenkt wird, und
2. auf Ansätze der Konsumforschung als eines Teilgebietes der Wirtschaftssoziologie bzw. der Ökonomie.

Als Beispiel einer relativ neuen großangelegten repräsentativen Jugendstudie, die sich u.a. auch dem Konsum- und Freizeitverhalten der Jugendlichen zuwendet, ist hier u.a. die Arbeit "Jugendliche und Erwachsene 85" des Jugendwerks der Deutschen Shell, Hamburg 1985, speziell der Band 2 "Freizeit und Jugendkultur" zu erwähnen. Hinsichtlich der ökonomisch orientierten Konsumforschung, in der Jugendliche als Teilgruppe der Gesamtbevölkerung explizit ausgewiesen werden, bleibt auf die für die Bundesrepublik repräsentative Studie von Raffée und Wiedmann "Dialoge 2 - Der Bürger im Spannungsfeld von Öffentlichkeit und Privatleben", Hamburg 1986, zu verweisen, die im Auftrag des Stern durchgeführt wurde. In dieser Studie werden die Konsumverhaltensweisen in Abhängigkeit von kulturellen Lebenswerten, typischen Konsumstilen und ökonomischen Haushaltsbedingungen gesehen und analysiert.

Wenngleich wir für diese Untersuchung einen wirtschaftssoziologischen Ansatz gewählt haben, müssen jedoch vorab einige Bemerkungen über die Jugend als Lebensphase und als Altersgruppe gemacht werden.

Jugend gilt in der Soziologie zunächst einmal als Alters- oder Lebensphase in der Abfolge Kindheit, Jugend, Erwachsensein und Alter. Jugend beginnt nach allgemein üblicher Auffassung in Abgrenzung von der Kindheit mit dem Einsetzen der Pubertät und mit der Entwicklung der Geschlechtsreife etwa um das 13. Lebensjahr, wobei Schwankungen von einigen Jahren beobachtbar sind. Wesentlich geringere Übereinstimmung besteht jedoch über die Abgrenzung der Jugendphase zur Erwachsenenphase, d.h. über den Zeitpunkt der Erreichung der sozialen Reife.

Folgt man bestehenden Vorschlägen, dann läßt sich die Jugendphase in die folgenden Teilphasen zerlegen: die 13- bis 17-Jährigen bilden damit die Jugendlichen im engeren Sinne bzw. die Jugendlichen in der pubertären Phase, die 18- bis 20-Jährigen bilden die Heranwachsenden oder die Jugendlichen in der nachpubertären Phase und die 21- bis 25-Jährigen werden als junge Erwachsene bezeichnet. Wir werden im folgenden nur die Altersgruppen der 15- bis 17- und der 18- bis 20-Jährigen behandeln und in unsere Untersuchung einbeziehen. Die Einteilung in diese Altersgruppen folgt auch rechtlichen Normierungen, nach denen diesen Gruppen unterschiedliche Rechte und Pflichten eingeräumt werden: So haben die Jugendlichen mit dem 14. Lebensjahr z.B. bereits das Recht, ihre Religionszugehörigkeit selbst zu bestimmen. Mit dem 18. Lebensjahr erwerben die Jugendlichen das Recht auf Heirat sowie das aktive und passive Wahlrecht; sie werden volljährig nach dem BGB; mit Erreichen des 21. Lebensjahres wird der Heranwachsende voll straffähig, unterliegt nicht mehr dem Jugendstrafrecht. Offen aber bleibt nach wie vor, ob die Jugendlichen mit 21 Jahren auch bereits ökonomisch und damit sozial selbständig sind und damit der Altersphase der Erwachsenen zugerechnet werden können.

Die Schwierigkeit einer Abgrenzung der Jugendlichen gegenüber den Erwachsenen hat sich in den letzten Jahren aufgrund einer Reihe von Entwicklungen vergrößert:

- Die in den letzten zwei Jahrzehnten erfolgte Verlängerung des Schulbesuchs der Jugendlichen um durchschnittlich zwei Jahre führt zu einer Verlängerung der wirtschaftlichen Abhängigkeit der Jugendlichen von ihren Eltern und verzögert den Aufbau einer eigenen wirtschaftlichen Existenz.
- Auf der anderen Seite steigt mit der zunehmenden Qualifizierung das Bildungs- und Reflexionsniveau der Jugendlichen, ohne daß ihre Handlungs- und Umsetzungschancen entsprechend mitwachsen.
- Zum dritten haben sich im Laufe der letzten drei Jahrzehnte die Sexualnormen und mit ihnen die sexuellen Verhaltensweisen erheblich gelokkert und zu einer Verkürzung der Jugendzeit in sexueller und emotionaler Hinsicht geführt.

Alle drei genannten Entwicklungen haben dazu beigetragen, traditionelle Statussequenzierungen abzubauen und aufzuheben, die in früheren Zeiten eine eindeutige Abgrenzung der Jugendlichen zu den Erwachsenen ermöglichten. So galten traditionell die folgenden Statussequenzierungen: erst Schüler, dann Auszubildender, dann Berufstätiger mit eigenem Einkommen, dann Inhaber einer eigenen Wohnung, dann Heirat, Sexualität und eine eigene Familie. Wenngleich diese Statusabfolge für einen großen Teil der Jugendlichen auch heute noch gilt, werden vielfach Verhaltensweisen einer "späteren" Statuslage schon früher praktiziert, wobei unterschiedliche Kombinationen verschiedener, traditionell aufeinanderfolgender Statuslagen heute gleichzeitig zu beobachten sind. So können z.B. eine eigene Wohnung bereits vor dem eigenen Einkommen besessen, Sexualität in nichtehelicher Lebensgemeinschaft vor einer Heirat praktiziert werden. Die Folge ist eine Pluralisierung von Lebenslagen und damit eine Pluralisierung und Individualisierung der sozialen Situationen und Milieus, in denen die Jugendlichen leben. Es ist eine zentrale Vermutung dieser Studie, diese Erscheinung in den Daten wiederzufinden.

Mit diesen Aussagen wird auch ein weiteres traditionelles soziologisches Verständnis von der Jugend als einer Gruppe infrage gestellt. Wenngleich Jugend bereits in dem Sinne nie eine Gruppe war, daß sie neben gemeinsamen Norm- und Wertvorstellungen auch in einem Interaktionszusammenhang stand, bleibt vor dem Hintergrund der Pluralisierungs- und Individualisierungsthese auch die Frage, ob und inwieweit die Jugendlichen heute noch ein gemeinsames Normen- und Wertesystem teilen, das sich spezifisch von demjenigen der Erwachsenen abhebt (soweit das jemals bestanden hat). Zwar werden wir die Frage nach der Existenz einer besonderen, von den Erwachsenen unterscheidbaren Jugendkultur mangels Daten von Erwachsenen nicht beantworten können, prüfen können wir jedoch die Homogenität bzw. Heterogenität der gesellschaftlichen, lebensweltlichen und individuellen Werthaltungen und Einstellungen der Jugendlichen. Auch hier vermuten wir, daß sich unterschiedliche sozio-ökonomische Milieus auch durch unterschiedliche Werthaltungen und Einstellungen auszeichnen. Zu den bereits vorab erkennbaren Milieus dürften das Schulmilieu, das Milieu der Auszubildenden sowie das Milieu der bereits Berufstätigen zählen; inwieweit diejenigen, die "zwischen den Stühlen" sitzen, also diejenigen, die nach der Schulzeit ohne Ausbildung oder Beschäftigung oder nach der Ausbildung ohne Beschäftigung oder inzwischen schon arbeitslos sind, ein eigenständiges Milieu bilden, bleibt zu prüfen. Fraglich ist hier auch, wie die Wehr- und Ersatzdienstleistenden einzuordnen sind. Die hier genannten, an Statuslagen anknüpfenden Milieus unterscheiden sich wesentlich durch die ökonomische Situation der ihnen angehörenden Jugendlichen, aber auch durch die je unterschiedlichen sozialen und kulturellen Kontexte, die mit ihnen verbunden sind: Bildung, Ausbildung und Arbeit stellen höchst unterschiedliche Anforderungen an die Jugendlichen und gewähren höchst unterschiedliche Gratifikationen.

Die bisher vorgetragenen Hypothesen einer Auflösung der Altersphase der Jugendlichen in Richtung einer Auflösung traditioneller Statussequenzen und einer Auflösung des Gruppencharakters der Jugendlichen in Form der Auflösung einer bisher unterstellten gemeinsamen Jugendkultur haben erhebliche Konsequenzen für die Analyse der Projektdaten: Da zu erwarten ist, daß die Individualisierung und Pluralisierung der Lebenslagen der Jugendlichen wesentlich am jeweiligen Status anknüpfen und mit zunehmendem Alter voranschreiten, ist die Analyse vor allem mit Bezug auf diese beiden Merkmale durchzuführen.

2. Theoretisches Modell

Zur Beschreibung und Erklärung des Konsumverhaltens der Jugendlichen wählen wir aus forschungspragmatischen Gründen den jüngst von Heinemann (vgl.Heinemann 1987) vorgestellten Ansatz der "neuen Wirtschaftssoziologie". Nach diesem im Prinzip mikrosoziologisch ausgerichteten Ansatz gilt es, wirtschaftliches Handeln, zu dem auch der Konsum von Gütern und Dienstleistungen zu zählen ist, auf Determinanten auf fünf verschiedenen Ebenen zurückzuführen und aus ihnen zu erklären: "1. Präferenzstrukturen und Handlungsorientierungen der Individuen, 2. Restriktionen, die der Verwirklichung individueller Präferenzen entgegenstehen (soziale Normen, dargestellt am Beispiel von Eigentumsrechten, Knappheit, Sachstrukturen, Macht), 3. die Ausprägungsformen dieser Grundbedingungen wirtschaftlichen Handelns bei typischen Wirtschaftssubjekten (Haushalt, Unternehmen, freiwillige Vereinigungen, Staat), 4. Mechanismen der Koordination und Steuerung wirtschaftlichen Handelns, 5. die Einbindung wirtschaftlichen Handelns in gesamtgesellschaftliche Rahmenbedingungen" (Heinemann 1987, S. 20). Formal handelt es sich bei diesem Ansatz um ein Mehrebenen-Kausalmodell, das individuelles Handeln wie z.B. den individuellen Konsum auf individuelle, situationsspezifische und gesamtgesellschaftliche Determinanten zurückführt und aus ihnen zu erklären versucht. Es verlangt im Prinzip die Erhebung von individuellen, situationsspezifischen und gesamtgesellschaftlichen Daten, ermöglicht aber auch, ausschließlich auf bei Individuen erhobene Daten zurückzugreifen, und die situationsspezifischen bzw. gesellschaftlichen Daten bei den Individuen über Kontextmerkmale oder relationale Merkmale zu erheben. Die zuletzt genannte Möglichkeit läßt dieses Modell gerade für die Beschreibung und

Erklärung von bei Individuen erhobenen Massendaten geeignet erscheinen, wie sie in unseren Projekten vorliegen.

Konsumverhalten ist nach der hier gewählten Auffassung zunächst einmal individuelles Verhalten, das sich im Kauf und Gebrauch bzw. Verbrauch von Gütern und/oder Dienstleistungen äußert. Von daher interessiert uns

1. der Umfang des Kaufs von jugendspezifischen Gütern; für welche Güter wird von den Jugendlichen wieviel Geld ausgegeben?
2. Welche Güter besitzen die Jugendlichen bereits, worin sind die bisherigen Kaufentscheidungen geronnen?
3. Welche Güter werden von den Jugendlichen gewünscht, welche Käufe sind in Zukunft zu erwarten?

Neben diesen Gebrauchs- und Verbrauchsgütern, deren konkrete Listen sich an einschlägigen früheren Erhebungen orientieren, um Vergleiche zu ermöglichen, möchten wir weiterhin wissen:

4. Welche Freizeitveranstaltungen (Filmveranstaltungen, Musikveranstaltungen, Sportveranstaltungen usw.) werden in welchem Umfang aufgesucht?
5. Welche Printmedien werden von den Jugendlichen in welchem Umfang gelesen?

Mit den genannten Fragen sollen typische Bereiche des Konsums von Gütern und Dienstleistungen der Jugendlichen nach Art und Umfang quantitativ erhoben werden. Diese Konsumverhaltensweisen bilden den ersten zentralen Komplex zu beschreibender und zu erklärender abhängiger Variablen. Neben dem Konsum interessiert natürlich auch

6. die Art und der Umfang des Sparverhaltens; wieviel Prozent des verfügbaren Einkommens sparen die Jugendlichen in welchen Sparformen? Neben dem Konsum ist das Sparen der zweite Komplex abhängiger Variablen.

Ein dritter Komplex versucht, Konsumverhalten allgemeiner zu erfassen:

7. Welche Konsumformen finden sich heute bei den Jugendlichen? In welchem Umfang findet rationales, traditional-gewohnheitsmäßiges oder spontanes Konsumverhalten statt? In welchem Umfang erfolgt Konsum überwiegend instrumentell-rational, nicht-instrumentell, auf andere Personen bezogen, spekulativ oder affektiv?

Um Art und Umfang des konkreten Konsum- und Sparverhaltens sowie der möglichen abstrakteren Konsumformen erklären zu können, muß nach dem oben vorgestellten Modell zunächst auf individuelle Präferenzen und auf individuelle Restriktionen abgestellt werden, die die direkten Erklärungen des Konsumverhaltens im Sinne der ökonomischen Nutzentheorie bieten können sollen.

Zu den individuellen Präferenzen, von denen wir einen Einfluß auf das Konsum- und Sparverhalten erwarten, gehören

1. direkte, mit dem Kauf bzw. der Nutzung bestimmter Güter oder Dienstleistungen verbundene und individuell zu erwartende Nutzenkonsequenzen (z.B. instrumenteller Nutzen, Qualitäten, individuelles Gefallen, soziales Ansehen). Zu den individuellen Restriktionen zählen dann vor allem
2. die beim Kauf bestimmter Güter oder Dienstleistungen direkt zu beachtenden Preise sowie die Höhe des zur Verfügung stehenden Einkommens.

Individuelle Präferenzen und individuelle Restriktionen lassen sich auch als Nutzen- bzw. Kostenargumente im engeren Sinne interpretieren; sie bilden den ersten, ökonomisch ausgerichteten Erklärungsansatz nutzentheoretischer Provenienz. Darüberhinaus ist aus sozialpsychologischer bzw. soziologischer Sicht auf die folgenden weiteren Entscheidungskriterien hinzuweisen, die über die konkrete Kaufentscheidung bzw. über den Konsumbereich hinaus handlungsleitend sind und demzufolge auf ihre Erklärungsleistung hin überprüft werden müssen:

3. indirekte allgemeine Konsumeinstellungen und Konsumorientierungen, die situationsübergreifend angelegt sind, aber in den konkreten Kaufsituationen handlungsleitend werden.
4. allgemeine persönliche Werthaltungen und persönliche Lebensstile, die nicht nur für den Konsumbereich gelten, aber auch das konkrete Konsumverhalten mitsteuern, sowie
5. allgemeine gesellschaftsbezogene Einstellungen und Werthaltungen, soweit sie das Verhalten der Jugendlichen allgemein und damit indirekt auch ihr Konsumverhalten beeinflussen.
6. Geschlechts- und altersbezogene Einstellungs- und Verhaltensmuster, soweit sie normativ-kulturell in Geschlechts- und Altersrollen verfestigt vorliegen und typische Konsumgewohnheiten und -verhaltensweisen erwarten lassen.

Die bisher vorgestellten Bedingungen des individuellen Konsum- und Sparverhaltens können als individuelle, sozial - präformierte Bedingungskomplexe bezeichnet werden, die einen direkten Erklärungsrahmen bieten.

Konsum- und Sparverhalten ist nach dem skizzierten theoretischen Rahmen darüberhinaus ein soziales Verhalten, das weitgehend den sozialen

Strukturen folgt, unter denen die jugendlichen Konsumenten leben. Hierzu gehören

1. die Haushaltsstrukturen, speziell die Strukturen der Familienhaushalte, denen die Jugendlichen angehören. Hinsichtlich der Familienhaushalte ist zum einen auf die sog. Schichtungsaspekte hinzuweisen, wie Einkommen und Vermögen, Bildungsstand und Berufsstatus der Eltern, sowie zum anderen auf die jeweiligen milieu- und kulturspezifischen Lagen. Schichtungs- und Milieuaspekte verorten die Familienhaushalte in der Sozialstruktur und haben bedeutsame Einflüsse auf Einstellungen und Verhaltensweisen der Jugendlichen, nicht zuletzt auch im Konsumbereich.
2. Es sind die Strukturmerkmale derjenigen formalen Organisationen zu berücksichtigen, denen die Jugendlichen weiterhin schwerpunktmäßig angehören: Schulen, Ausbildungsstätten und Betriebe sind formal organisierte soziale Systeme mit hohen Verhaltenserwartungen in normativer und kognitiver Hinsicht an die Jugendlichen, die zugleich je spezifische Handlungsmöglichkeiten auch hinsichtlich des Konsums bereitstellen.
3. Es müssen die Strukturen der Peergruppen, denen sich die Jugendlichen zurechnen, berücksichtigt werden. Peergruppen stellen als informelle Gruppen das dritte wichtige Bezugssystem neben der Familie oder der formalen Organisation, der man angehört, dar. Aufgrund dessen, daß sie im Unterschied zu den beiden anderen Systemen altershomogen aufgebaut sind, ermöglichen sie vor allen Dingen den Aufbau von Einstellungen und Wertorientierungen, die eine Abgrenzung gegen die Generation der Älteren ermöglichen. Eigenständige Jugendkulturen oder auch eigenständige jugendkulturelle Milieus mit entsprechenden Konsummustern und Konsumstilen bauen sich typischerweise in diesen altershomogenen Peergruppen auf.
4. Von besonderer Bedeutung ist weiterhin die Mitgliedschaft der Jugendlichen in Freizeitvereinen und -verbänden. Derartige Vereine, wie z.B. Sportvereine, sind in der Regel Systeme, in denen der größte Teil der Mitglieder ebenfalls aus Jugendlichen besteht; die Altersheterogenität ist jedoch durchweg größer als in den informellen Peergruppen. Hier werden typischerweise Konsumorientierungen entwickelt, die sich an denjenigen der jeweils Älteren messen.
5. Bleibt an dieser Stelle zu erwähnen, daß die Wirtschaft mit ihren Werbemaßnahmen direkt und indirekt laufend Einfluß auf das Konsumverhalten und die Konsumeinstellungen der Jugendlichen ausübt. Werbung hat ja nicht nur zu informieren, sondern auch zum Kauf zu motivieren. Daß bei dieser Werbung nicht nur auf die Preise bzw. auf das Preis-Leistungsverhältnis der Güter und Dienstleistungen abgestellt und damit

dem Verbraucher eine rationale Entscheidung ermöglicht wird, sondern gerade über eine Betonung besonderer Produkteigenschaften und ihrer Affinität zu bestimmten Verbrauchergruppen eine Anmutung für den Verbraucher erzeugt wird, ist für die vorliegende Studie von besonderer Bedeutung. Die These geht dahin, daß insbesondere bei Luxusgütern bzw. bei "Positionsgütern" (Hirsch 1980) gerade durch die Werbung versucht wird, von den Preisen der Güter abzulenken und auf die Gebrauchs- und Verbrauchswerte, auf die Prestigeträchtigkeit und Differenzierungsfähigkeit sowie auf die den Gütern zugesprochene Eigenschaft zur Selbstverwirklichung abzustellen (vgl. Raffée/ Wiedmann 1987). In welchem Umfang und über welche Medien Werbung in dieser Art Einfluß nimmt, bleibt von daher mit zu untersuchen. Die bisherigen Überlegungen lassen sich in dem folgenden theoretischen Modell grob zusammenfassen (vgl. Modell 1).

Das vorliegende theoretische Modell impliziert Kausalhypothesen über den Zusammenhang zwischen individuellen Konsumverhaltensweisen der Jugendlichen und ihren individuellen und sozialstrukturellen Bedingungen. Es soll uns in die Lage versetzen, das Konsumverhalten der Jugendlichen in den ausgewählten Aspekten zu beschreiben und zu erklären; dieser Aufgabe wird im ersten Teil der Datenanalyse nachgegangen; wir hoffen, sie mit Hilfe ein-, zwei- und dreidimensionaler Analysen sowie mit Hilfe der Pfadanalyse bewältigen zu können (vgl. Kap. V, VI.1-3, VII u. VIII).

Die Beantwortung der Frage nach der relativen Bedeutung unterschiedlicher Konsummotive und nach der Dominanz von Prestige- und Selbstverwirklichungsmotiven beim Kauf von Luxusgütern verlangt den Vergleich der relativen Einflußgewichte dieser Motivgruppen angesichts des Kaufs ausgewählter Güter und Gütergruppen unter alternativen sozialstrukturellen Bedingungen; wir werden diese Frage im zweiten Teil der Datenanalyse zu beantworten versuchen (vgl. Kap. VI.4-5).

Im dritten Teil der Datenanalyse soll dann der Frage nachgegangen werden, inwieweit sich in der Gruppe der Jugendlichen unterschiedliche soziale Milieus auffinden lassen. Um diese Frage zu beantworten, sind ausgewählte Konsumeinstellungen, Werte, Lebensstile und Merkmale der Sozialstruktur nach bestimmten Verfahrensweisen, wie z.B. der Clusteranalyse miteinander zu kombinieren (vgl. Kap. IX).

Modell 1: Theoretisches Modell der Untersuchung

Individuelles Konsumverhalten (zu erklärende Sachverhalte)						
1. gegenwärtiger	2. bisheriger	3. gewünschter	4. Freizeit	5. Medien	6. Sparen	7. allg. Konsumverhalten
Güterkonsum						
individuelle Konsumbedingungen (erklärende Sachverhalte)						
1. indiv. Präferenzen	2. indiv. Restriktionen	3. allgem. Konsumeinstellungen	4. allgem. persönl. Werthaltungen	5. allg. gesell. Werthaltungen	6. geschlechtsspez. Einstellungen	7. alterspez. Einstellungen
(Nutzen-Kosten-Argumente)						
sozialstrukturelle Konsumbedingungen (erklärende Sachverhalte)						
1. Familienherkunft	2. Organisationsmitgliedschaft	3. Peergruppenzugehörigkeit	4. Vereinszugehörigkeit	5. Wirtsch.-werbung		

III. Zur methodischen Anlage der Untersuchungen

1. Grundgesamtheiten und Stichproben

Der Untersuchung liegen zwei Stichproben aus zwei typischen Städten der ehemaligen Bundesrepublik und der ehemaligen DDR zugrunde. Die erste Grundgesamtheit bilden alle deutschen Jugendlichen der Stadt Bielefeld im Jahr 1989 im Alter zwischen 15 und 20 Jahren. Die Auswahl der Stadt Bielefeld erfolgte zum einen aus Kostengründen. Da für einen Integrierten Methodenkurs der Fakultät für Soziologie nur begrenzte Forschungsmittel aus dem Haushalt der Universität Bielefeld bereit standen, und mündliche Interviews von Studenten der Fakultät für Soziologie in einem begrenzten Zeitraum durchzuführen waren, durften die Reise- und Erhebungskosten nicht zu hoch werden. Zum anderen ist die Stadt Bielefeld mit ihrer Umgebung in vielen Hinsichten (Altersaufbau, Bildungsverteilung, Berufsverteilung) typisch für die ehemalige Bundesrepublik insgesamt, so daß Aussagen über ihre Jugendlichen repräsentativ für die Jugendlichen in der ehemaligen Bundesrepublik sind (vgl. Tabelle 1).

Die zweite Grundgesamtheit bilden alle Jugendlichen der Lutherstadt Wittenberg im Jahr 1990 im Alter zwischen 15 und 20 Jahren. Die Lutherstadt Wittenberg wurde im Rahmen eines von der Bundesregierung finanzierten Forschungsprojekts zur Untersuchung des wirtschaftlichen, politischen und sozialen Wandels in der ehemaligen DDR ausgewählt. Im Rahmen dieser Untersuchung wurde dann u.a. auch eine Befragung von Jugendlichen aus Wittenberg nach zum Teil denselben Konsumverhaltensweisen und Konsumeinstellungen durchgeführt wie in Bielefeld. Da auch Wittenberg hinsichtlich des Alters- und Geschlechtsaufbaus seiner Bevölkerung typisch für die ehemalige DDR ist, lassen sich die gewonnenen Aussagen mit einiger Vorsicht für die Jugendlichen in der ehemaligen DDR insgesamt generalisieren (vgl. Tabelle 2). Die Auswahl der Gruppe der 15 - 20-Jährigen folgt inhaltlich den Ergebnissen der bisherigen Jugendforschung (wie z.B. der Shell-Studie 1985), nach denen diese Gruppe

- über eine eigene Gruppenzugehörigkeit verfügen soll,
- bereits über umfangreiche Kaufkraft für Konsumzwecke verfügt,
- eine typische Bedarfs- (Bedürfnis-) struktur besitzt,
- in ihren Kaufentscheidungen relativ selbständig und
- über die werbeträchtigen Kommunikationsmedien erreichbar ist.

Die Auswahl gerade dieser Gruppe erfolgt in methodischer Hinsicht deswegen, weil sie mit den Gruppen verglichen werden kann, die auch den repräsentativen Studien zur Jugendforschung (Jugendwerk der Deutschen Shell 1985, Sinus 1983, 1985) und zur Konsumforschung (Stern 1986 u. 1987) zugrunde liegen.

Ein Vergleich der eigenen Studie mit diesen Studien sowie mit der amtlichen Statistik hinsichtlich ausgewählter Quotenmerkmale ermöglicht darüberhinaus eine Abschätzung, inwieweit die Ergebnisse unserer Studie über die Städte Bielefeld bzw. Wittenberg hinaus generalisierbar sind (vgl. Tabellen 1 und 2).

Tabelle 1 zeigt zunächst einmal, daß die Geschlechts- und Altersverteilungen der Jugendlichen der Stadt Bielefeld zwischen 15 und 20 Jahren im Untersuchungsjahr 1989 genau den Geschlechts- und Altersverteilungen der Jugendlichen in der ehemaligen Bundesrepublik entsprechen. Die Jugendlichen der Stadt Bielefeld können damit als eine (zumindest in diesen Hinsichten) auch die Jugendlichen der ehemaligen Bundesrepublik repräsentierende Grundgesamtheit betrachtet werden.

Aus dieser Grundgesamtheit der Jugendlichen im Umfang von N = 22.442 sollte eine nach dem Geschlecht und dem Alter quotierte Stichprobe im Umfang von n = 300 gezogen werden (vgl. Tabelle 1). Die Quotenstichprobe wurde gewählt, da Zufalls- oder zufallsähnliche Stichproben nicht möglich waren, weil die Grundgesamtheit der Jugendlichen karteimäßig nicht vorlag, bzw. eine Karteierstellung auf der Basis der Daten des Einwohnermeldeamtes einen erheblichen Aufwand bedeutet hätte.

Die Quotierung nach Alter und Geschlecht erfolgte zum einen, weil Alter und Geschlecht gerade auch bei den Jugendlichen zu den zentralen unabhängigen Variablen zur Erklärung des Konsums zu rechnen sind, zum anderen sind diese Merkmale für die Interviewer sichtbar bzw. leicht abschätzbar. Zum dritten sollten sich die auszuwählenden Jugendlichen hinsichtlich ihrer Schulbildung so zusammensetzen, wie die Jugendlichen der Grundgesamtheit, da Schulbildung erfahrungsgemäß ein weiteres wichtiges unabhängiges Merkmal darstellt. Da Schulbildung aufgrund ihrer "Unsichtbarkeit" jedoch im Zuge der Feldforschung nicht a-priori als Quotenmerkmal berücksichtigt werden konnte, sind wir hier darauf angewiesen, daß sie "zufällig" derjenigen der Grundgesamtheit entspricht; wir werden ihre Stichprobenverteilung daher später mit derjenigen der Grundgesamtheit vergleichen müssen.

Tabelle 1: Grundgesamtheit und Stichprobe der Jugendlichen in Bielefeld und Vergleich mit den Daten der amtlichen Statistik sowie der Shell-Studie (1985)

Jugendliche in der BRD zwischen 15 und 20 Jahren 1989 (in 1.000)		Jugendlichen in Bielefeld zwischen 15 und 20 Jahren 1989		geplante Quotenauswahl 1989		realisierte Quotenauswahl 1989		realisierte Quotenauswahl Shell 1984
absolut	%	absolut	%	absolut	%	absolut	%	%
insgesamt								
4.600,7	100	22.442	100	300	100	269	100	100
Geschlecht								
m 2.354,3	51	11.437	51	153	51	131	49	49
w 2.246,5	49	11.005	49	147	49	137	51	51
Alter								
15 609,0	13	2.855	13	39	13	33	12	
16 653,5	14	3.131	14	41	14	32	12	40
17 732,3	16	3.528	16	47	16	38	14	
18 794,6	17	3.887	17	52	17	47	18	
19 863,6	19	4.298	19	58	19	50	19	60
20 947,7	21	4.743	21	63	21	68	25	

Quellen: Stat. Bundesamt (1988), S. 61; Stat. Amt der Stadt Bielefeld (1988), Jugendwerk der Deutschen Shell 1985

Vergleichen wir die realisierte Quotenstichprobe mit der geplanten Stichprobe und mit den Grundgesamtheiten in der ehemaligen Bundesrepublik und in Bielefeld, dann läßt sich das folgende feststellen:

- Die geplante Quotenauswahl entspricht hinsichtlich der Merkmale Geschlecht und Alter den Grundgesamtheiten der Jugendlichen in der Bundesrepublik und in Bielefeld.
- Die realisierte Stichprobe weicht hinsichtlich der Geschlechterverteilung nur um 2%-Punkte von der geplanten Verteilung ab; der Einfluß dieser Abweichung auf spätere eindimensionale Häufigkeitsverteilungen z.B. im Bereich des Konsumverhaltens oder der Konsumeinstellungen dürfte unerheblich sein.
- Hinsichtlich der Altersverteilung sind in der realisierten Stichprobe die "Jüngeren" (15- bis 17-Jährigen) leicht unterrepräsentiert, während die "Älteren" (18- bis 20-Jährigen) leicht überrepräsentiert sind; aber auch hier dürften die zwischen 1%- und 4%-Punkten liegenden Differenzen keine Effekte auf die späteren Analysen haben.

Wir können somit davon ausgehen, daß die hier realisierte Stichprobe der Jugendlichen im Alter von 15 bis 20 Jahren hinsichtlich ihrer Geschlechts- und Altersgruppenzusammensetzung repräsentativ für die entsprechende Gruppe der Jugendlichen nicht nur in Bielefeld, sondern in der ehemaligen Bundesrepublik Deutschland insgesamt ist. Sie entspricht hinsichtlich dieser Merkmale auch nahezu vollständig der Stichprobe der Shell-Jugendstudie von 1984, so daß die Ergebnisse unserer Studie gut mit jener verglichen werden können.

Tabelle 2: Grundgesamtheit und Stichprobe der Jugendlichen in der Stadt Wittenberg im Jahr 1990

	Jugendliche in Wittenberg zwischen 15 und 20 Jahren 1990		geplante Quotenauswahl 1990		realisierte Quotenauswahl 1990	
	absolut	%	absolut	%	absolut	%
insgesamt	3.833	100	144	100	163	100
Geschlecht						
m	1.992	52	75	52	81	50
w	1.841	48	69	48	82	50
Alter						
15	532	14			19	12
16	564	15			43	26
17	586	15			42	26
18	683	18			19	12
19	744	19			9	6
20	724	19			31	19

Quelle: Statistisches Amt der Stadt Wittenberg (1990)

Betrachten wir jetzt die Grundgesamtheit sowie die geplante und realisierte Stichprobe der Jugendlichen der Stadt Wittenberg, und vergleichen wir sie mit der Bevölkerungsverteilung in der ehemaligen DDR insgesamt (vgl. auch Tabelle 2). Angesichts fehlender jüngerer Daten über die Verteilungen der Bevölkerung der ehemaligen DDR nach einzelnen Altersjahrgängen können wir hier nur grob den Altersaufbau der DDR insgesamt mit dem Altersaufbau der Stadt Wittenberg im Jahr 1989 vergleichen. Danach ergibt sich, daß der Anteil der Jugendlichen bis zum 25. Lebensjahr in der ehemaligen DDR 1989 bei etwa 33%, in Wittenberg bei 32% lag, während der Anteil der über 65-Jährigen in beiden Gruppen bei etwa 14% lag. Angesichts dieser Ähnlichkeiten im Gesamtbevökerungsaufbau ist auch damit zu rechnen, daß sich die Jugendlichen in Wittenberg hinsichtlich ihres Alters ähnlich verteilen wie in der ehemaligen DDR insgesamt. Das Gleiche gilt für die Geschlechtsverteilung der Jugendlichen in der ehemaligen DDR und in Wittenberg. Damit können die Jugendlichen Wittenbergs bei aller Vorsicht zumindest hinsichtlich der Geschlechts- und Altersverteilung als repräsentativ für die Jugendlichen der ehemaligen DDR bezeichnet werden.

Da die Erhebung in Wittenberg keine bewußte Quotenauswahl der einzelnen Altersjahrgänge und der Geschlechter der Jugendlichen, sondern nur Quotierungen der Bevölkerung insgesamt nach jeweils 10 Jahrgänge umfassenden Altersgruppen und Geschlechtern vorsah, können wir hier nur die realisierte Stichprobe mit der Grundgesamtheit vergleichen; dabei ergibt sich im einzelnen:

- Die Stichprobenverteilung der Jungen und Mädchen weicht auch hier nur um 2% von der Verteilung in der Grundgesamtheit ab, so daß keine Verzerrungseffekte durch die Geschlechtszugehörigkeit zu erwarten sind.
- Die Altersverteilung läßt einen Bias zugunsten der 16- und 17- Jährigen und zulasten der 18- und 19-Jährigen erkennen. Dieser Bias ist bei späteren Interpretationen einfacher Häufigkeitsverteilungen, die stark altersabhängig sind (z.B. Einkommensverteilungen), zu berücksichtigen.

2. Erhebung und Erhebungsverfahren

In Bielefeld erfolgte die Datenerhebung in der Form mündlicher Interviews durch Studenten der Fakultät für Soziologie der Universität Bielefeld im Rahmen eines Integrierten Methodenkurses, in dem die Studenten sozialwissenschaftliche Methodenkenntnisse und Feldforschungserfahrungen anhand eines konkreten Forschungsprojekts erwerben sollten. Im einzelnen wurden die Interviews von 20 Studenten durchgeführt, die jeweils 15 Interviews, einem Quotenplan entsprechend, durchzuführen hatten. Die Dauer der einzelnen Interviews bewegte sich zwischen 45 und 90 Minuten. Befragt wurden insgesamt 281 Jugendliche, von denen jedoch einige den Fragebogen nur unvollständig beantworteten; von 269 Jugendlichen lagen später vollständige und auswertbare Interviews vor, deren Daten in die folgende Datenanalyse eingehen.

In Wittenberg wurden die Daten ebenfalls mittels weitgehend standardisierter Interviews von insgesamt 60 Schülerinnen und Schülern der vorletzten Klassen zweier EOS (Erweiterter Oberschulen) erhoben, wobei hier nicht nur Jugendliche, sondern auch Erwachsene befragt wurden. Jeder Interviewer hatte auch hier etwa 15 Interviews nach einem festen Quotenplan durchzuführen. Für die weitere Auswertung stehen, wie bereits erwähnt, insgesamt 163 Interviews zur Verfügung.

Grundlage der mündlichen Interviews war in beiden Fällen ein weitgehend standardisierter Fragebogen, dessen einzelne Erhebungsinstrumente teils aus früheren einschlägigen Untersuchungen (Shell-Studie 1985, Stern-

Studie "Dialoge 2" 1987, eigene Studien des Autors) stammten, teils in Anlehnung an das theoretische Modell neu entwickelt wurden. Für die Wittenberg-Studie, die sich schwerpunktmäßig mit Fragen des wirtschaftlichen und sozialen Wandels beschäftigte, wurden nur ausgewählte Instrumente der Bielefelder Konsumstudie übernommen. (Die Instrumente und Fragebögen befinden sich im Anhang). Der Bielefelder Fragebogen wurde einem Pretest bei einer Gruppe von etwa 30 Jugendlichen, zu denen auch die Studenten des Integrierten Methodenkurses zählten, unterzogen, um ihn auf Verständnisschwierigkeiten hin zu überprüfen; ein weitergehender Test der einzelnen Erhebungsinstrumente konnte einerseits aus Zeitgründen nicht durchgeführt werden, schien andererseits aber aufgrund des bisherigen Bewährungsgrades der Instrumente auch nicht nötig.

In den Wittenberger Fragebogen wurden zum einen nur diejenigen Instrumente zum Jugendkonsum aufgenommen, die sich auch in Bielefeld bewährt hatten; zum anderen wurde dieser Fragebogen Kollegen des Wissenschaftsbereichs Soziologie der Universität Halle-Wittenberg mit der Bitte um Korrektur vorgelegt und entsprechend überarbeitet.

Die Aufbereitung der Daten erfolgte jeweils in der Weise, daß alle offenen Fragen anhand eines Kodierplans geschlossen wurden. Die Daten aller Fragebögen wurden anschließend von den Studenten des Integrierten Methodenkurses (Bielefeld) bzw. studentischen Hilfskräften (Wittenberg) in Gruppen zu je zwei Personen direkt in den Rechner eingelesen, danach mit Hilfe eines Prüfprogramms auf Korrektheit überprüft, korrigiert und mit Hilfe des SPSS - Programms zu einer SPSS-Datei zusammengefaßt. Die Datenanalyse begann dann wie üblich mit der Analyse der eindimensionalen Verteilungen, der Rekodierung der Variablen überall dort, wo es nötig erschien, und der Bildung neuer komplexer Variablen und Skalen.

IV. Zum sozio-ökonomischen Hintergrund der Jugendlichen

1. Die Situation im Westen

Bevor im einzelnen auf den Jugendkonsum und seine Determinanten eingegangen wird, soll kurz der sozio-ökonomische Hintergrund der Jugendlichen beleuchtet werden. Erfahrungsgemäß gibt es im Westen wie im Osten erhebliche Unterschiede im Konsum wie auch in den meisten anderen Verhaltensweisen zwischen Jungen und Mädchen, zwischen Jugendlichen unterschiedlichen Alters, unterschiedlicher sozialer Einbindung und unterschiedlicher sozialer Herkunft. Eine deskriptive Darstellung der Jugendlichen unter diesen Aspekten läßt dann bereits vieles verständlich werden, was anschließend über den Jugendkonsum zu sagen sein wird. Darüberhinaus muß vorab geklärt werden, inwieweit diese als unabhängig zu betrachtetenden Merkmale der Jugendlichen im vorliegenden Datenmaterial auch voneinander unabhängig sind, um später beobachtbare Zusammenhänge z.B. zwischen dem Konsumverhalten und dem Geschlecht auch geschlechtsspezifisch interpretieren zu können und nicht etwa auf den mit dem Geschlecht korrelierenden Schulstatus zurückführen zu müsssen (vgl. Tabelle 3).

Wie bereits bekannt, besteht die vorliegende Stichprobe etwa zur Hälfte aus Jungen (49%) und Mädchen (51%). Hinsichtlich der Altersverteilung sind, wie in der Grundgesamtheit auch, die älteren Jahrgänge etwas stärker vertreten. Sieht man davon ab, daß in den hier jeweils extremen Altersgruppen der 15- bzw. der 20-Jährigen die Mädchen leicht stärker vertreten sind als die Jungen, dann besteht auch in dieser Stichprobe, wie zu erwarten, kein Zusammenhang zwischen dem Geschlecht und dem Alter, so daß hier keine Konfundierung der Effekte zu erwarten ist.

Anders sieht jedoch die Situation hinsichtlich des eigenen Status, der eigenen Schulbildung und der sozialen Herkunft aus:

Tabelle 3: Zusammenhänge zwischen Alter, Status, eigener Schulbildung, Schulbildung des Vaters, Haushaltseinkommen und Geschlecht der Jugendlichen (in %)

	Geschlecht		
	männlich %	weiblich %	insgesamt %
Alter			
15	9	15	12
16	12	12	12
17	16	12	14
18	19	16	18
19	20	18	19
20	24	27	26
eigener Status			
Schüler	58	68	63
Auszubildender	25	21	23
Berufstätiger	8	5	6
Sonstiges (Soldat, Zivildienst, arbeitslos u.a.)	10	6	8
Schulart bei Schülern			
Hauptschule	17	8	12
Realschule	22	18	19
Gymnasium	30	37	34
Gesamtschule	3	9	6
Berufsfachschule	4	3	3
Fachhochschule/Universität	19	15	17
Sonstiges	6	10	9
Bildungsstatus Vater			
Volksschule	43	39	41
Realschule	32	35	34
Abitur	15	12	14
Hochschule	10	14	12
Haushaltseinkommen			
bis 1000	1	0	1
1000 - 1500	5	9	7
1500 - 2000	9	16	12
2000 - 3000	21	27	24
3000 - 4000	28	27	28
4000 - 5000	17	9	13
5000 - 8000	12	9	10
8000 und mehr	5	4	5

Von den Jugendlichen sind 63% Schüler oder Hochschüler, 23% Auszubildende, und nur 6% stehen bereits im Beruf; die restlichen 8% sind entweder als Soldaten oder als Zivildienstleistende tätig oder aber arbeitslos; auch diese Verteilung dürfte in etwa der Verteilung der Jugendlichen dieser Altersgruppe in der ehemaligen Bundesrepublik entsprechen. Wichtig ist in diesem Zusammenhang die Tatsache, daß Mädchen einen größeren Anteil bei den Schülern und einen geringeren Anteil bei den Auszubildenden und den Berufstätigen sowie bei den Soldaten und Zivildienstleistenden stellen als die Jungen. Auch dieser Befund ist seit vielen Jahren bekannt: Von der Expansion des Bildungswesens profitieren vor allem die Mädchen; sie gehen länger zur Schule und besuchen auch in größerem Umfang höherwertige allgemeinbildende Schulen als die Jungen, wie die nachfolgende Teiltabelle ausweist. Mädchen sind in höherem Umfang im Gymnasium und in geringerem Umfang in der Hauptschule vertreten als Jungen. Auf der anderen Seite sind Jungen in den Fachhochschulen und Hochschulen nach wie vor stärker vertreten als Mädchen. Diese aus vielen Untersuchungen bekannten Tatsachen haben jedoch für die weitere Analyse zur Konsequenz, daß die Geschlechts- und Bildungsniveaueffekte konfundiert sind und bei der Interpretation entsprechend berücksichtigt werden müssen.

Tabelle 4: Zusammenhänge zwischen ausgewählten Merkmalen der sozialen Herkunft (Kendal's Tau B oder C)

	Bildung Mutter	Haushalts-einkommen	Wohnsituation	Wohnungs-ausstattung
Bildung Vater	.57	.57	.16	.24
Bildung Mutter		.41	.10	.17
Haushaltseinkommen			.31	.48
Wohnungssituation				.33

Das Merkmal *Wohnsituation* besitzt folgende Ausprägungen: Mietwohnung in Mehrfamilienhaus, Eigentumswohnung, Miete im Reihenhaus, Miete im Einfamilienhaus, eigenes Reihenhaus, eigenes Einfamilienhaus; das Merkmal *Wohnungsausstattung* hat folgende Ausprägungen: einfach und bescheiden, durchschnittlich, luxuriös.

Bleibt an dieser Stelle etwas über die soziale Herkunft der Jugendlichen zu sagen. Die soziale Herkunft wird hier zunächst nach dem sog. vertikalen Paradigma als schichtspezifische soziale Herkunft aufgefaßt. Den Hintergrund bildet ein Modell der Sozialstruktur, das diese in aufeinander aufbauende unterschiedliche soziale Schichten zerlegt sieht, und das unter quantitativen Aspekten die typische Zwiebelform zeigt (vgl. Bolte/Hradil 1984, S.220; zur Diskussion um die Paradigmen vgl. Kreckel 1983, Haller 1986). Indikatoren für die Schichtzugehörigkeit und damit für die soziale Herkunft der Jugendlichen sind in dieser Untersuchung, diesem Paradigma folgend, das Bildungsniveau der Eltern, die Höhe der Berufsposition der Eltern, das Haushaltseinkommen, die Qualität der Wohnungsausstattung und die Art der Wohnung (von der Mietwohnung bis hin zum Einfamilienhaus). Sämtliche Indikatoren der Schichtzugehörigkeit korrelieren hoch miteinander (vgl. Tabelle 4) und sind damit sowohl gemeinsam über einen Schichtungsindex als auch einzeln als Prädiktoren der sozialen Herkunft tauglich, wobei die prognostischen Qualitäten des väterlichen Bildungsstandes und des Haushaltseinkommens am größten sind.

Betrachten wir nach diesen kategorialen Überlegungen die Verteilung der sozialen Herkunft der Jugendlichen, wobei wir uns vor allem an der Schulbildung des Vaters und am Haushaltseinkommen orientieren (vgl. Tabelle 3).

Unterteilen wir die Schichtungspyramide in die Unterschicht, gekennzeichnet etwa durch ein Bildungsniveau des Vaters von nicht mehr als Volks- bzw. Hauptschule und einem Haushaltseinkommen bis zu DM 3000,-, in eine untere Mittelschicht (Bildungsabschluß etwa Realschule, Einkommen bis etwa DM 4000,-), eine mittlere Mittelschicht (Bildungsabschluß Abitur oder Vergleichbares, Einkommen bis DM 5000,-) eine obere Mittelschicht (Hochschulabschluß und Einkommen bis etwa DM 8000,-) sowie in eine Oberschicht (Hochschulabschluß und Einkommen über DM 8000,-), dann verteilen sich die Jugendlichen auf diese Schichten etwa wie folgt: Ca. 40% der Jugendlichen stammen aus der sozialen Unterschicht, etwa 30% aus der unteren Mittelschicht, 15% aus der mittleren Mittelschicht, etwa 10% aus der oberen Mittelschicht und ca. 5% aus der Oberschicht.

Der hier vorfindbare Schichtungsaufbau entspricht dabei dem Aufbau der Prestigeschichten in der Bundesrepublik insgesamt (vgl. z.B. Kleining 1975 S. 275, Bolte/Hradil 1984, S. 203 ff.), Schichten, die man vor allem in mittelgroßen Städten einigermaßen deutlich erkennen kann. Auch hinsichtlich der sozialen Herkunft erscheinen die Jugendlichen der Stadt Bielefeld damit typisch für die Jugendlichen in der ehemaligen Bundesrepublik.

Da erwartungsgemäß starke Zusammenhänge zwischen dem eigenen Status, einschließlich des Bildungsstatus und der Schichtzugehörigkeit der Eltern existieren, wollen wir sie anhand unserer Daten ebenfalls darstellen (vgl. Tabelle 5).

Alle drei Indikatoren der sozialen Herkunft, die Schulbildung des Vaters und der Mutter sowie das Haushaltseinkommen lassen deutliche Zusammenhänge zwischen der sozialen Herkunft und dem eigenen Status erkennen: Jugendliche aus oberen sozialen Schichten besuchen die Schule länger als Jugendliche aus unteren sozialen Schichten; letztere wählen früher entweder eine Berufsausbildung oder aber direkt eine Berufstätigkeit nach Abschluß der Schule. Gleiches gilt für das Schulbildungsniveau der Jugendlichen: Auch hier finden sich starke Zusammenhänge zwischen der Schulbildung der Eltern und dem Haushaltseinkommen einerseits und der Schulbildung der Jugendlichen andererseits. Die vorliegenden Daten bestätigen erneut, daß sich auch im Zuge der Bildungsexpansion die schichtspezifischen Differenzen im Besuch weiterführender Schulen nicht verringert haben.

Tabelle 5: Zusammenhänge zwischen dem eigenen Status, dem eigenen Schulbildungsniveau und der Schulbildung der Eltern sowie dem Haushaltseinkommen

	eigener Status			eigene Schulbildung		
	Schüler	Azubi	Beruf	HauptS	RealS	Gymn.
	%	%	%	%	%	%
Schulbildung Vater					(Tau C: +.24)	
Volksschule	32	57	60	56	33	19
Realschule	38	26	33	22	52	48
Abitur	17	8	7	17	12	16
Hochschule	13	9	0	6	3	17
Schulbildung Mutter					(Tau C: +.13)	
Volksschule	46	54	75	61	55	41
Realschule	32	37	25	22	27	36
Abitur	14	4	0	11	15	15
Hochschule	8	6	0	6	3	9
Haushaltseinkommen					(Tau C: +.11)	
bis 1000	1	0	0	6	0	0
1000 - 1500	6	3	13	6	13	0
1500 - 2000	10	19	13	6	13	7
2000 - 3000	21	36	63	25	13	24
3000 - 4000	29	19	13	19	33	28
4000 - 5000	12	13	0	13	13	21
5000 - 8000	14	7	0	19	13	14
8000 und mehr	7	3	0	6	0	

Wenngleich der soziale Status der Jugendlichen weitgehend durch den Status der Eltern bestimmt wird, bauen die Jugendlichen mit zunehmendem Alter und mit zunehmender Ablösung vom Elternhaus einen eigenen Status auf, der vom elterlichen Status und von der elterlichen Schichtzugehörigkeit abweichen kann. Statusdeterminanten dürften auch bei ihnen vornehmlich das formale Bildungsniveau, der "Status", hier in den Ausprägungen Schüler, Auszubildender oder Berufstätiger, und das mit zunehmendem Alter und mit Eintritt in eine Berufsausbildung bzw. eine Berufstätigkeit wachsende eigene Einkommen sein. Inwieweit darüberhinaus Art und Umfang der Konsumausgaben den Status des Einzelnen mitbestimmen und inwieweit sie etwa bestimmte "horizontal" liegende Milieus erkennen lassen, soll im Kapitel IX näher untersucht werden. Schließlich geht eine wesentliche These dieses Projekts dahin, daß neben der vertikalen Verortung der Jugendlichen in einer Statushierarchie durch die klassischen Schichtdeterminanten eine horizontale Verortung der Jugendlichen in verschiedenen sozialen Milieus u.a. aufgrund von Konsumstilen erfolgt.

Betrachten wir an dieser Stelle aber weiterhin noch die Einbindung der Jugendlichen in Peer-Gruppen und in das Vereinsleben, um den sozio-ökonomischen Hintergrund insgesamt auszuleuchten. Fragt man zunächst einmal nach der Größe des Freundes- und Bekanntenkreises, dann ergibt sich als häufigster Wert die Zahl 10. Etwa ein Drittel der Jugendlichen sprechen von einem Freundeskreis von bis zu 8 Jugendlichen, bei insgesamt drei Vierteln geht der Freundeskreis nicht über 15 hinaus und nur etwa ein Viertel gibt einen Freundes- und Bekanntenkreis von mehr als 15 Personen an. Jungen geben dabei tendenziell einen größeren Freundes- und Bekanntenkreis als Mädchen an; mit zunehmendem Alter nimmt die Größe des Freundes- und Bekanntenkreises allerdings ab. Was die Interaktionsdichte angeht, gibt jeweils ein gutes Drittel der Jugendlichen an, daß man sich entweder hin und wieder oder aber regelmäßig trifft; ein gutes Viertel spricht von nur unregelmäßigen Treffen. Unterschiede zwischen Jungen und Mädchen existieren hier nicht. Hinsichtlich des Alters ist jedoch ein deutlicher Trend dahingehend zu erkennen, daß die regelmäßigen Freundestreffen mit zunehmendem Alter zurückgehen (Tau C = -.18s). Es zeigt sich jedoch auch, daß die regelmäßigen Treffen bei den Berufstätigen mit 44% deutlich höher liegen als bei den Auszubildenden mit 37% und den Schülern mit nur 34%. Hinsichtlich der statusmäßigen Zusammensetzung des Freundes- und Bekanntenkreises sprechen 60% der Jugendlichen von einem aus Schülern, Auszubildenden, Berufstätigen und Sonstigen gemischtem Bekanntenkreis; im übrigen gilt erwartungsgemäß, daß Schüler schwerpunktmäßig mit Schülern, Auszubildende mit anderen Auszubildenden und Berufstätige vor allem mit anderen Berufstätigen verkehren. Die Heterogenität der Zusammensetzung ist bei den Berufstätigen mit 72% erwartungsgemäß erheblich größer als bei den Auszubildenden mit 68% und den Schülern mit nur 54%.

Was nun die altersmäßige Zusammensetzung angeht, zeigen sich ganz interessante Ergebnisse. Während erwartungsgemäß zwei Drittel der Jugendlichen ihren Bekanntenkreis als gleichaltrig einstufen, bezeichnen nur 4% ihren Bekanntenkreis als jünger, dagegen 30% als älter als sie selbst. Wir finden damit eine deutliche Orientierung der Jugendlichen an den jeweils Älteren. Diese Orientierung trifft darüberhinaus besonders die Mädchen: Von ihnen bezeichnen 41% ihre Freundinnen bzw. Freunde als älter gegenüber nur 18% der Jungen. Hier dürfte vor allem die gegengeschlechtliche Orientierung und Interaktion durchschlagen; schließlich suchen nach wie vor die nach der Pubertät relativ "reiferen" Mädchen ältere Jungen und umgekehrt.

Fragt man direkt nach Besonderheiten, die die einzelnen Freundes- und Bekanntenkreise auszeichnen, sehen über 60% der Jugendlichen keinerlei Besonderheiten; wo doch, wird vor allem auf gemeinsame gesellige Interessen (insgesamt: 16%, Jungen aber mit 21% doppelt so häufig wie Mädchen mit 11%) oder auf gemeinsame Hobbies (insgesamt 10%) verwiesen. 11% der Mädchen sprechen darüberhinaus auch eine besondere, gemeinsame Kleidung und gemeinsames Äußeres an.

Was die Mitgliedschaft der Jugendlichen in freiwilligen Vereinen und Verbänden angeht, ergibt sich das folgende Bild: 58% der Jugendlichen gehören überhaupt keinem Verein oder Verband an, 30% sind in einem, 9% in zwei und nur 3% in drei oder vier Vereinen Mitglied. Die vereins- oder verbandliche Organisation der Jugendlichen kann damit als insgesamt eher schwach bezeichnet werden. Zwischen Jungen und Mädchen lassen sich keine Unterschiede feststellen; auch hinsichtlich des Alters sind die Unterschiede gering. Sieht man jetzt einmal nach, in welchen Vereinen oder Verbänden die Jugendlichen tätig sind, dann zeigt sich das folgende Bild (vgl. Tabelle 6).

Tabelle 6: Mitgliedschaft der Jugendlichen in freiwilligen Vereinen und Verbänden (Anteilswerte jeweils an allen Jungen oder Mädchen bzw. an allen)

Art des Vereins	Jungen %	Mädchen %	insgesamt %
Sportvereine	31	25	28
kirchliche Vereine	4	6	5
Parteien/Gewerkschaften	6	9	8
Musikgruppen	2	9	6
soziale Bewegungen	3	8	5
sonstige Vereine	12	10	11

Sportvereine stellen für die Jugendlichen die mit Abstand beliebtesten Vereine dar, sofern man sich überhaupt in einen Verein begibt; hier sind auch die Jungen etwas häufiger zu finden als die Mädchen, was nicht zuletzt auf den Fußballsport zurückgehen dürfte (vgl. Fuchs 1985); die Mädchen sind statt dessen eher in kirchlichen Vereinigungen, in musikalischen Vereinigungen, aber auch in Parteien und Gewerkschaften sowie in politischen Bewegungen vertreten bzw. engagiert als die Jungen. Ob und in welchem Umfang von der Vereinsmitgliedschaft Effekte auf das Konsumverhalten und auf die Milieubildungen der Jugendlichen ausgehen, wird im folgenden zu prüfen sein.

2. Die Situation im Osten

Was den sozio-ökonomischen Hintergrund der Jugendlichen in der ehemaligen DDR angeht, sollen im folgenden nur Abweichungen angesprochen werden, die sich hinsichtlich der Situation der Jugendlichen in den ehemaligen Bundesländern ergeben.

Wie zu erwarten zeigen sich auch bei den Jugendlichen in der ehemaligen DDR keine Zusammenhänge zwischen der Geschlechtszugehörigkeit einerseits sowie dem Alter, dem eigenen Status als Schüler, Lehrling oder Berufstätiger sowie dem Bildungsstatus der Eltern und dem Haushaltseinkommen andererseits. Darüberhinaus aber gibt es auch keinen Zusammenhang zwischen dem Besuch höherwertiger Schulen und dem Geschlecht, den wir für die ehemalige Bundesrepublik beobachten können. Im Osten werden die weiterführenden allgemeinbildenden Schulen, vor allem die erweiterten Oberschulen (EOS) gleichermaßen von Jungen wie von Mädchen besucht; eine positive Diskriminierung der Mädchen und damit eine Konfundierung von Geschlechts- und Bildungsniveaueffekten ist hier nicht gegeben.

Um die soziale Herkunft der Jugendlichen zu ermitteln, wollen wir auch hier erneut zweistufig vorgehen: In der ersten Stufe gilt es, Zusammenhänge zwischen den traditionellen Schichtungsmerkmalen zu ermitteln; in der zweiten Stufe ist zu fragen, ob sich die Schüler aus unterschiedlichen Schulen sowie die Schüler und Lehrlinge hinsichtlich ihrer sozialen Herkunft unterscheiden. Die Zusammenhänge zwischen den Herkunftsmerkmalen Schulbildungshöhe des Vaters, Schulbildungshöhe der Mutter, Haushaltseinkommen und Qualität der Wohnungsausstattung gibt Tabelle 7 (vgl. Tabelle 7).

Tabelle 7: Zusammenhänge zwischen ausgewählten Merkmalen der sozialen Herkunft (Kendal`s Tau B oder C) (nur für Schüler)

	Bildung Mutter	Haushaltseinkommen	Wohnungsausstattung
Bildung Vater	.42	.29	.08
Bildung Mutter		.22	.03
Haushaltseinkommen			.18

Das Merkmal *Wohnungsausstattung* hat auch hier die Ausprägungen: einfach und bescheiden, durchschnittlich, luxuriös

Auch hier ergeben sich deutliche Korrelationen zwischen den Indikatoren der sozialen Herkunft, von denen die Bildungsniveaus der Eltern am stärksten miteinander zusammenhängen; aber auch zwischen dem Bildungsniveau der Eltern und dem Haushaltseinkommen gibt es noch deutliche Zusammenhänge. Im Vergleich zur Situation im Westen sind die Zusammenhänge jedoch deutlich schwächer ausgeprägt. Hier zeigt sich ein zu erwartender Effekt der sozialistischen, auf stärkere Gleichheit gerichteten Politik des ehemaligen SED-Regimes.

Einen Einblick in die Zusammenhänge zwischen dem Status der Jugendlichen als Schüler bzw. Lehrling und dem Bildungsniveau einerseits sowie den Merkmalen der sozialen Herkunft andererseits vermittelt Tabelle 8 (vgl. Tabelle 8).

Tabelle 8: Zusammenhänge zwischen dem eigenen Status, dem eigenen Schulbildungsniveau sowie der Schulbildung der Eltern und dem Haushaltseinkommen

	eigener Status		Höhe der eigenen Schulbildung	
	Schüler	Lehrling	OS	EOS u. Äquival.
	%	%	%	%
Schulbildung Vater				
8. bzw. 9. Klasse	26	44	27	26
10. Klasse	27	50	27	26
12. Klasse (Abitur)	18	6	23	23
Fachschule	2-	-	2	
Universität/Hochschule	27	-	23	24
Schulbildung Mutter				
8.bzw. 9. Klasse	28	32	18	31
10. Klasse	31	42	46	28
12. Klasse (Abitur)	14	16	23	12
Fachschule	3	5	-	2
Universität/Hochschule	24	5	13	28
Haushaltseinkommen				
bis 1000	4	5	-	2
1000 - 1500	12	21	6	16
1500 - 2000	26	5	31	22
2000 - 3000	40	53	25	44
3000 und mehr	19	16	38	16

Unterscheiden wir bei den Jugendlichen Schüler und Lehrlinge (bei den berufstätigen Jugendlichen haben wir hier nicht nach dem Bildungsniveau der Eltern gefragt), dann ergeben sich deutliche Zusammenhänge zwischen dem elterlichen Bildungsniveau und dem Status der Schüler: Je höher das Bildungsniveau der Eltern, desto länger schicken sie ihre Jugendlichen in die Schule; das gilt insbesondere für Eltern, die aufgrund ihrer Fachschul- oder ihrer Universitäts- bzw. Hochschulausbildung zur Schicht der sog. Intelligenz zählen. Eltern mit niedrigerem Schulbildungsniveau schicken ihre Kinder eher in eine Lehre oder direkt in eine Berufstätigkeit. Hier zeigt sich eine ähnlich deutliche Bildungstradierung zwischen den Generationen wie in der ehemaligen Bundesrepublik. Keine Zusammenhänge gibt es dagegen zwischen dem elterlichen Haushaltseinkommen und dem Status der Jugendlichen. Bildungs- und Einkommensstatus sind, wie bereits aus Tabelle 7 ersichtlich, stärker entkoppelt.

Betrachten wir nur die Schüler der Oberschulen (OS bis Klasse 10) und der erweiterten Oberschulen (bzw. ihrer Äquivalente, wie z.B. einer Berufsausbildung mit Abitur), die die Schüler bis zur Klasse 12 und damit bis zum Abitur führen, dann lassen sich keine Zusammenhänge mit dem Bildungsniveau oder dem Haushaltseinkommen der Eltern erkennen. Zumindest bezüglich der hier untersuchten zwei Ebenen (OS und EOS bzw. Äquivalente) erweist sich das Einheitsschulsystem, das weitgehend einem westlichen Gesamtschulsystem entspricht, als weniger sozial selektiv als das differenzierte Schulsystem in den ehemaligen Bundesländern. Mit der geplanten Einführung des differenzierten Schulsystems in allen neuen Bundesländern wird sich in Zukunft höchstwahrscheinlich auch die soziale Selektivität verstärken.

V. Einkommen, Ausgaben und Sparverhalten

1. Die Situation im Westen

Bevor wir uns dem Jugendkonsum im einzelnen zuwenden, interessiert die Frage nach den finanziellen Mitteln, die den Jugendlichen für ihre Konsumzwecke gegenwärtig zur Verfügung stehen, und nach den Quellen, aus denen sie stammen. Darüberhinaus stellt sich die Frage nach den Anteilen, die die Jugendlichen von ihren Einkommen für Konsumzwecke tätigen (die Konsumquote) bzw. sparen (die Sparquote).

Das monatliche Einkommen der von uns untersuchten Jugendlichen im Alter von 15 bis 20 Jahren schwankt zwischen DM 5,- und DM 5.000,-; das arithmetische Mittel liegt bei insgesamt DM 525,- Da das Einkommen sowohl vom Alter als auch vom eigenen Status (Schüler, Auszubildender, Berufstätiger oder Sonstiger (Arbeitsloser, Zivildienstleistender oder Soldat)) abhängt, wollen wir die entsprechenden Durchschnittseinkommen kurz vorstellen (vgl. Tabelle 9).

Tabelle 9 weist aus, daß den Jugendlich monatlich erhebliche finanzielle Mittel zur Verfügung stehen, die sie für den Konsum von Gütern und Dienstleistungen ausgeben können. Wie zu erwarten, steigt das Einkommen mit dem Alter und - teilweise parallel mit dem Alter - von den Schülern über die Auszubildenden bis zu den Berufstätigen deutlich an. Betrachtet man die Einkommensdifferenzen zwischen den einzelnen Altersgruppen, dann fallen die erheblichen Steigerungsraten pro Jahrgang ins Auge, vor allem die Steigerungsraten, die zwischen dem 15. und dem 16. Lebensjahr sowie zwischen dem 17. und dem 18. Lebensjahr liegen. Hier dürften die Übergänge von einer Schulausbildung in eine Berufsausbildung bzw. von einer Berufsausbildung in die Berufstätigkeit eine Rolle spielen (vgl. den zweiten Teil der Tabelle 9).

Tabelle 9: Monatliche Durchschnittsnettoeinkommen und Spannweiten nach Altersgruppen, Status und Geschlecht im Westen (in DM)

	Einkommen	Spannweiten von.....	bis....
Altersgruppen			
15-Jährige	84,-	5,-	210,-
16-Jährige	246,-	45,-	725,-
17-Jährige	264,-	50,-	800,-
18-Jährige	569,-	50,-	2.400,-
19-Jährige	621,-	60,-	1.680,-
20-Jährige	797,-	80,-	3.000,-
Statusgruppen			
Schüler	328,-	5,-	2.500,-
Auszubildende	642,-	70,-	1.800,-
Berufstätige	1.519,-	500,-	3.000,-
Sonstige	620,-	50,-	1.500,-
Geschlecht			
Jungen	578,-	25,-	5.000,-
Mädchen	473,-	5,-	1.800,-
Insgesamt	525,-	5,-	5.000,-

Weiterhin sind geschlechtsspezifische Differenzen bezüglich der Einkommen zu beobachten: Jungen erzielen mit DM 578,- insgesamt gesehen etwa um DM 100,- höhere Durchschnittseinkommen als Mädchen mit DM 473,-. Dieser Unterschied ist vermutlich zum einen auf eine die Mädchen diskriminierende Praxis der Einkommenszuteilung seitens der Eltern, der Ausbildungs- oder Beschäftigungssbetriebe zurückzuführen. Zum anderen geht der Unterschied darauf zurück, daß Mädchen länger die allgemeinbildenden Schulen besuchen als die Jungen, die früher in eine Berufsausbildung oder eine Berufstätigkeit gehen und deshalb auch höhere Einkommen erzielen. Auch die beobachtbaren herkunftsbezogenen Unterschiede, bei denen Jugendliche aus unteren Schichten ein höheres Einkommen als Jugendliche aus oberen Schichten haben, sind statusbedingt: Schließlich gehen Jugendliche aus unteren Schichten früher in eine Berufsausbildung oder Berufstätigkeit als Jugendliche aus höheren Schichten.

Vergleicht man die Höhe der Einkommen der Jugendlichen 1990 mit den Einkommen, die aus Jugendstudien früherer Jahre berichtet werden (vgl. zusammenfassend Vaskovics/Schneider 1990, S. 403ff.), dann ergibt sich zum ersten ein erheblicher Anstieg der Einkommen in den letzten Jahren. Zum zweiten ergibt sich eine Umkehrung der Einkommensverhältnisse zwischen Jungen und Mädchen: Bis Mitte der 80er Jahre gingen die jungen Mädchen eher in eine Berufsausbildung oder in eine Berufstätigkeit als die Jungen; dementsprechend verfügten sie in der untersuchten Alterskohorte über durchschnittlich höhere Einkommen. Seitdem aber besuchen die Mädchen in größerem Umfang als die Jungen weiterführende allgemeinbildende Schulen mit der Konsequenz, daß sie hinsichtlich ihrer Einkommen gegenüber den Jungen zurückfallen. Zum dritten ist aufgrund des verlängerten allgemeinbildenden Schulbesuchs der Jugendlichen insgesamt die finanzielle Abhängigkeit der Jugendlichen von ihren Eltern trotz steigender eigener Einkommen vor allem aus Jobs angestiegen: Immer mehr auch der älteren Jugendlichen sind aufgrund ihres verlängerten Schulbesuchs auf die finanzielle Unterstützung durch ihre Eltern angewiesen.

Fragen wir jetzt, wieviel Prozent der Einkommen den Jugendlichen nach Abzug der Ausgaben für Nahrung, Kleidung und Wohnung, also nach Abzug der Ausgaben für die Befriedigung der Grundbedürfnisse regelmäßig zur Verfügung stehen. Tabelle 10 gibt die entsprechenden diskretionären Einkommensanteile nach Alters- und Statusgruppen sowie nach dem Geschlecht differenziert wieder (vgl. Tabelle 10).

Tabelle 10: Anteile der verfügbaren Einkommen nach Altersgruppen, Statusgruppen und Geschlecht

	Anteile (%)	n
Altersgruppen		
15-Jährige	75	31
16-Jährige	74	31
17-Jährige	66	38
18-Jährige	59	47
19-Jährige	65	49
20-Jährige	55	49
Statusgruppen		
Schüler	66	157
Auszubildende	58	54
Berufstätige	62	18
Geschlecht		
Jungen	68	131
Mädchen	59	126
Insgesamt	64	257

Insgesamt geben die Jugendlichen gut ein Drittel ihrer verfügbaren Einkommen für Nahrungsmittel, Kleidung und auch für die Wohnung, d.h. also für Güter des Grundbedarfs aus; danach stehen ihnen noch knapp zwei Drittel ihrer Einkommen für die restlichen Güter und Dienstleistungen zur Verfügung. Liegt der Anteil des frei verfügbaren Einkommens bei den Jüngeren noch bei etwa 3/4 des Gesamteinkommens, so müssen mit zunehmendem Alter auch zunehmend Ausgaben für Nahrung, Kleidung und Wohnung getätigt werden, so daß bei den 20-Jährigen nur noch etwas mehr als die Hälfte des Einkommens für die übrigen Konsumzwecke frei verfügbar bleibt. Diese Situation entspricht in etwa der Situation in der Erwerbsbevölkerung insgesamt: Etwa die Hälfte der gegenwärtig erzielten Einkommen sind sog. diskretionäre Einkommen, die nicht für die Befriedigung der Grundbedürfnisse mehr benötigt werden. Zwischen den Statusgruppen sind die Differenzen bezüglich der frei verfügbaren Einkommen nur gering. Wenn Jungen größere Anteile frei verfügbarer Einkommen angeben, dann dürfte das nicht zuletzt daran liegen, daß die Mädchen erheblich mehr für Kleidung ausgeben als die Jungen.

Fragen wir jetzt, aus welchen Quellen die Einkommen der Jugendlichen stammen (vgl. Tabelle 11).

Tabelle 11: Einkommensquellen der Jugendlichen nach Altersgruppen, Statusgruppen und Geschlecht

Einkommens-quellen	Taschen-geld %	Ausbild.-vergütung %	Lohn %	Jobs %	staatl. Mittel %	eigenes Vermög. %
Altersgruppen						
15-Jährige	100	3	10	47	7	7
16-Jährige	75	10	17	53	3	7
17-Jährige	75	29	15	60	-	21
18-Jährige	56	39	12	58	21	12
19-Jährige	43	32	20	59	20	11
20-Jährige	46	29	32	59	20	8
Statusgruppen						
Schüler	79	9	11	66	11	12
Auszubildende	27	81	17	41	15	9
Berufstätige	6	6	89	6	6	6
Geschlecht						
Jungen	60	27	20	52	11	7
Mädchen	64	26	19	61	15	13
Insgesamt	62	26	19	57	13	10

Es ist für die Jugendlichen typisch, Einkommen aus verschiedenen Quellen gleichzeitig zu beziehen. Betrachtet man die Jugendlichen insgesamt, so erhalten über 60% Taschengeld, 57% erhalten Einkommen aus unregelmäßigen Jobs, ein Viertel erhält eine Ausbildungsvergütung und etwa ein Fünftel einen festen Lohn oder ein festes Gehalt. Öffentliche Mittel wie Stipendien oder Waisenrenten werden von 13% bezogen und immerhin noch 10% geben an, Einkommen aus eigenem Vermögen zu erhalten.

Diese Daten sagen noch nichts über die relative Bedeutsamkeit der einzelnen Einkommensquellen aus. Es ist jedoch zu vermuten, daß die Einkommen aus unregelmäßigen Jobs für die Jugendlichen insgesamt den größten Einkommensanteil liefern, wobei die Mädchen noch stärker jobben als die Jungen.

Die Einkommenszusammensetzung ist erwartungsgemäß vor allem statusabhängig: So setzt sich das Einkommen der Schüler vor allem aus Taschengeld (79%) und aus Einkommen aus unregelmäßigen Jobs (66%) zusammen. Auszubildende erhalten zuerst eine Ausbildungsvergütung, daneben spielen Einkünfte aus Gelegenheitsjobs sowie das Taschengeld eine eher untergeordnete Rolle. Für die Berufstätigen steht naturgemäß der Lohn bzw. das Gehalt ganz oben an.

Mit zunehmendem Alter verliert das Taschengeld an Bedeutung, während die Anteile der Einkommen aus Jobs sowie aus der Berufstätigkeit ansteigen. Es ist bemerkenswert, daß bereits knapp die Hälfte der 15-Jährigen Einkommen aus Jobs bezieht, ein Anteil, der sich in den folgenden Altersgruppen auf etwa 60% stabilisiert. Von den 18-Jährigen und älteren nennen immerhin 20% Einkommen aus staatlichen Quellen, also vor allem Stipendien für die Schul- und Berufsausbildung.

Fragen wir jetzt, in welchem Umfang die Jugendlichen sparen, und ob es hier Unterschiede zwischen den Alters- und Statusgruppen und den Geschlechtern gibt (vgl. Tabelle 12).

Tabelle 12: Umfang des Sparens nach Altersgruppen, Statusgruppen und Geschlecht

	"gar nichts" (%)	durchschn. Quote (%)	n
Altersgruppen			
15-Jährige	47	9	19
16-Jährige	50	14	22
17-Jährige	29	18	28
18-Jährige	31	15	32
19-Jährige	26	16	39
20-Jährige	26	16	42
Statusgruppen			
Schüler	41	11	121
Auszubildende	21	21	46
Berufstätige	7	29	14
Geschlecht			
Jungen	25	16	99
Mädchen	42	14	96
Insgesamt	33	15	195

Zunächst einmal bleibt festzuhalten, daß ein Drittel aller Jugendlichen nach eigenen Angaben in der Regel überhaupt nichts spart, sondern das verfügbare Einkommen voll für Konsumzwecke ausgibt. Sieht man auf die durchschnittliche Sparquote, dann werden im Schnitt etwa 15% der Einkommen gespart; das entspricht in etwa der Sparquote der Bevölkerung insgesamt.

Erste Unterschiede finden sich zwischen den Geschlechtern: 25 % der Jungen und sogar 42% der Mädchen geben an, sie würden gar nichts sparen. Offensichtlich bestehen hier Zusammenhänge zwischen dem mit der Höhe der Einkommen, dem Status und dem Ausgabenverhalten variierenden Sparverhalten der Geschlechter: Da Mädchen länger zur Schule gehen, haben sie entsprechend niedrigere Einkommen als Jungen und relativ niedrigere Sparquoten; hinzu kommt, daß Mädchen erheblich mehr für ihre Kleidung ausgeben als die Jungen. Betrachtet man die durchschnittlichen Sparquoten als weiteren Indikator, dann erscheinen die Differenzen zwischen den Jungen und Mädchen schon geringer

Mit steigendem Alter geht der Anteil derer, die gar nichts sparen, erwartungsgemäß zurück, die durchschnittliche Sparquote stabilisiert sich bereits bei den 16-Jährigen bei 14 bis 15%. Daß Schüler aufgrund ihres niedrigeren Alters und ihres niedrigeren Einkommens weniger sparen als Auszubildende und diese wiederum weniger als Berufstätige, überrascht aufgrund der bisherigen Ergebnisse auch nicht.

Wenn die Jugendlichen sparen, bleibt die Frage, in welchen Formen sie das tun: Welche Rolle spielen die häusliche Spardose , das Sparbuch, Bausparverträge und Lebensversicherungen im Sparverhalten der Jugendlichen. Tabelle 13 zeigt die Ergebnisse erneut nach Alters- und Statusgruppen sowie nach den Geschlechtern differenziert auf (vgl. Tabelle 13).

Wenn Jugendliche sparen, wählen sie vor allem das klassische Sparbuch als Anlageform: Insgesamt 62% der Jugendlichen verfügen über ein Sparbuch, auf das sie selbst regelmäßig einzahlen oder auf das Beiträge ihrer Eltern fließen. An der zweiten Stelle steht das häusliche Sparschwein mit 31%, gefolgt von Bausparverträgen mit 19% und Lebensversicherungen mit 11%.

Während Mädchen in größerem Umfang als Jungen zuhause sparen, legen Jungen ihr Spargeld in stärkerem Maße zinsbringend auf Sparbüchern, Bauspar- oder Lebensversicherungskonten an. Auch hier bleibt zu bedenken, daß es sich um keinen echten Effekt der Geschlechtszugehörigkeit, sondern um einen Statuseffekt handelt: Mädchen gehen länger zur Schule als Jungen. Der eigene Status hat erwartungsgemäß den größten Einfluß auf die Sparformen. Während nur 57% der Schüler über ein Sparbuch verfügen, liegen die entsprechenden Anteile bei den Auszubildenden bereits bei 72% und bei den Berufstätigen bei 92%. Ähnliches gilt in abgeschwächter Form für die Bausparverträge und Lebensversicherungen.

Tabelle 13: Sparformen der Jugendlichen nach Alters- und Statusgruppen sowie nach Geschlecht

Sparformen	Sparbuch %	Bausparvertrag %	Lebensversicherung %	Spar-Schwein %
Altersgruppen				
15-Jährige	50	11	12	39
16-Jährige	48	10	-	43
17-Jährige	61	15	4	36
18-Jährige	53	13	16	26
19-Jährige	71	28	11	24
20-Jährige	75	27	19	21
Statusgruppen				
Schüler	57	8	4	36
Auszubildende	72	46	22	20
Berufstätige	92	64	50	20
Geschlecht				
Jungen	64	23	13	28
Mädchen	59	15	10	34
Insgesamt	62	19	11	31

Parallel zum Statuseffekt bleibt ein Alterseffekt zu erkennen: Während von den 15-Jährigen nur die Hälfte über ein Sparbuch verfügt, besitzen bereits drei Viertel aller 20-Jährigen ein Sparbuch. Ähnlich steigt der Besitz von Bausparverträgen von 11% bei den 15-Jährigen auf 27% bei den 20-Jährigen an. Tendenziell rückläufig ist dagegen das Sparen in den nicht zinsbringenden häuslichen Formen.

2. Die Situation im Osten

Für die Jugendlichen in der ehemaligen DDR stehen uns nur die Daten bezüglich der Einkommen, differenziert nach Statusgruppen und Geschlecht zur Verfügung, die allerdings einen interessanten Vergleich mit den Jugendlichen aus der ehemaligen Bundesrepublik ermöglichen (vg. Tabelle 14).

Das Durchschnittseinkommen der Jugendlichen im Alter zwischen 15 und 20 Jahren liegt in der ehemaligen DDR bei etwa DM 265,-. Es ist damit nur halb so hoch wie das vergleichbare Einkommen der Jugendlichen in der ehemaligen Bundesrepublik. Auch hier ist das Einkommen vor allem abhängig vom Alter und, mit diesem verknüpft, vom jeweiligen Status der Jugendlichen. Wenngleich wir hier aufgrund der relativ geringen Fallzahlen in den einzelnen Altersgrupen keine Prozentwerte ausweisen, zeigt eine Korrelationsanalyse, daß die Einkommen natürlich mit dem Alter ansteigen.

Deutlich wird dieser Zusammenhang auch, wenn man die einzelnen Statusgruppen betrachtet. Schüler weisen ein Einkommen von DM 150,- auf, das ebenfalls in etwa der Hälfte der Einkommen ihrer Mitschüler im Westen entspricht. Lehrlinge haben mit DM 240,- allerdings nur knapp 40% des Einkommens der Auszubildenden im Westen. Betrachten wir die bereits berufstätigen Jugendlichen, so liegen sie im Osten mit einem Durchschnittseinkommen von DM 1.000,- um genau ein Drittel unter dem Wert der berufstätigen Jugendlichen im Westen, die etwa DM 1.500,- erhalten.

Tabelle 14: Monatliche Durchschnittseinkommen und Spannweiten nach Status und Geschlecht in der ehemaligen DDR (in DM)

	Einkommen	Spannweiten von....	bis.....
Statusgruppen			
Schüler	150,-	10,-	800,-
Lehrlinge	240,-	30,-	600,-
Berufstätige	1.000,-	600,-	1.500,-
Geschlecht			
Jungen	236,-	10,-	1.500,-
Mädchen	293,-	20,-	800,-
Insgesamt	265,-	10,-	1.500,-

Eine Besonderheit ergibt sich bei der Betrachtung der Einkommen der Jungen und Mädchen: Im Unterschied zur Situation im Westen, wo die Jungen rund DM 100,- mehr zur Verfügung haben als die Mädchen, besitzen die Mädchen im Osten im Durchschnitt fast DM 60,- mehr als die Jungen. Da die Jungen und Mädchen in der ehemaligen DDR aber in etwa gleichaltrig sind und die relativ höheren Einkommen der Mädchen sowohl bei Schülern als auch bei Lehrlingen und bei Berufstätigen zu beobachten sind, liegen weder Alters- noch Statusseffekte vor. Sollte in der ehemaligen DDR etwa eine positive Diskriminierung der Frauen gegenüber den Männern, zumindest in der hier untersuchten Altersgruppe, stattgefunden haben?

VI. Güterkonsum

1. Art und Umfang des Konsums

Die folgende Analyse beschäftigt sich zunächst in deskriptiver Weise mit der Art und dem Umfang des Konsums der Jugendlichen, und zwar nur in der ehemaligen Bundesrepublik, da wir im Osten keine entsprechende Erhebung durchgeführt haben. Dabei geht es um die Frage, für welche Güter und Dienstleistungen die Jugendlichen monatlich etwa wieviel Geld ausgeben. Die Art der Güter und Dienstleistungen wurde anhand einer Liste vorgegeben, die sich an einschlägigen früheren Untersuchungen orientiert (vgl. GFK 1977), für die vorliegende Untersuchung aber aktualisiert und ergänzt wurde. Die Jugendlichen hatten die Möglichkeit, zu jeder Vorgabe anzugeben, ob sie hierfür im Monat eher viel, nicht soviel oder fast gar nichts an Geld ausgeben. Die folgende Tabelle gibt zum einen den relativen Umfang der Geldausgaben für die vorgegebenen Güter und Dienstleistungen in Form von Mittelwerten wieder; sie gibt darüberhinaus in Form von Rangkorrelationskoeffizienten an, inwieweit bezüglich dieser Geldausgaben Unterschiede zwischen den Geschlechtern, den verschiedenen Altersgruppen und hinsichtlich der sozialen Herkunft der Jugendlichen, gemessen durch den Bildungsstand des Vaters und dem Haushaltseinkommen bestehen (vgl. Tabelle 15).

An der ersten Stelle stehen die Geldausgaben für die privaten Hobbies, zu denen vor allem die Musik mit ihren Schallplatten und Musikcassetten gehört. An zweiter Stelle stehen die Ausgaben für Nahrungsmittel, Gaststättenbesuche und für Kleidung. Wenngleich hier nicht mit Sicherheit entschieden werden kann, ob es sich um Ausgaben für die Befriedigung von Grundbedürfnissen nach Nahrung und Kleidung oder um die Befriedigung von Luxusbedürfnisssen in Form guten und teuren Essens und Trinkens in Gaststätten und Restaurants sowie um den Kauf besonderer, speziell modischer Kleidung handelt, steht vermutlich letzteres im Vordergrund, da die

Grundversorgung mit Nahrungsmitteln und mit Kleidung im wesentlichen durch die Eltern sichergestellt wird.

Tabelle 15: Art und Umfang der Konsumausgaben der Jugendlichen insgesamt sowie nach Geschlecht, Alter, Bildung des Vaters und Haushaltseinkommen

Konsumarten	insgesamt x	Geschlecht Tau C	Alter Tau C	Bildung Vater Tau C	Haushalts-einkommen Tau C
Hobbies	2,2	-.19	-	-	+.12
Schallplatten	2,1	-.19	-.13	-	-
Nahrungsmittel	2,0	-	+.15	-	-.13
Gaststätten	2,0	-	+.11	-.10	-.12
Kleidung	2,0	+.20	-.14	-.11	-
Kinobesuche	1,9	+.12	-.15	-	-
Diskotheken	1,9	-	+.18	-	-
Zigaretten	1,9	-	-	-	-.10
Fahrzeuge	1,9	-.22	+.19	-	-
Geschenke	1,9	+.27	-	-	-
Bücher	1,8	-	+.26	+.20	-
Zeitschriften	1,8	-	-	-	-
Reisen	1,8	-	+.15	-	-
Freizeitartikel	1,8	-.11	-.21	-	+.11
Süßigkeiten	1,8	+.11	-.10	-	-
Alkohol	1,7	-.25	-	-	-
Einrichtung	1,6	-	-	-	+.12
Gesundheit	1,5	+.12	+.13	-	-
Sportveranst.	1,5	-.20	-.11	-	-
Blumen	1,5	+.25	-	-	-.12
Theaterbesuche	1,4	-	+.21	+.10	-
Kosmetik	1,4	+.45	-	-	-
Schmuck	1,4	+.33	-.16	-	-
Spielwaren	1,2	-	-	-	-
Spenden	1,2	-	-	-	-
Drogen	1,2	-	-	-	+.10

Anmerkungen: Je höher der Mittelwert, desto höher die monatlichen Konsumausgaben. Hinsichtlich des Geschlechts gilt: positive Vorzeichen: Mädchen geben mehr Geld aus; negative Vorzeichen: umgekehrt. Hinsichtlich Alter, Bildung und Haushaltseinkommen gilt: positive Vorzeichen: Je höher..., desto höher die Geldausgaben; negative Vorzeichen: umgekehrt. Aufgenommen wurden nur Koeffizienten >.10; Koeffizienten > .13 sind auf dem 95%-Niveau signifikant, Koeffizienten > .21 auf dem 99%-Niveau.

An dritter Stelle folgen Ausgaben für den Besuch von Kinoveranstaltungen und von Diskotheken, gleichauf mit den Ausgaben für Zigaretten, Fahrzeuge und Geschenke. Es folgen Ausgaben für Bücher und Zeitschriften sowie für Reisen und für Freizeitartikel, aber auch für Süßigkeiten. In der weiteren Rangfolge finden sich dann Ausgaben für Alkoholika, Einrichtungsgegenstände, Gesundheit, Sportveranstaltungen und Blumen, Theaterbesuche, Kosmetik und Schmuck folgen; am Ende stehen die Ausgaben für Spielwaren, Spenden und für Drogen.

Die für alle Jugendlichen geltende Rangreihe ihrer monatlichen Konsumausgaben weist vor allem geschlechts- und altersspezifische Unterschiede auf, während die herkunftsspezifischen Differenzen eher gering sind. So geben die Jungen vor allem für ihre Freizeithobbies, zu denen nicht zuletzt das Hören von Musik von Schallplatten und Cassetten gehört, für ihre Fahrzeuge sowie für Alkohol und für Sportveranstaltungen zum Teil erheblich mehr Geld aus als die Mädchen. Umgekehrt liegen die Geldausgaben der Mädchen vor allem bei Kosmetika, Schmuck, Blumen und Geschenken, aber auch noch bei Kleidung, Kinobesuchen und bei den Süßigkeiten höher als bei den Jungen. Wenngleich die Rangreihung der Konsumausgaben insgesamt im großen und ganzen bei Jungen und Mädchen bestehen bleibt, gibt es erwartungsgemäß doch für Jungen und Mädchen typische Konsummuster.

Die Konsumausgaben verändern sich natürlich auch mit dem Alter: So steigen die Ausgaben für das Essen und Trinken und den Besuch von Gaststätten und Diskotheken, aber auch für Theatervorstellungen. Darüberhinaus steigen die Ausgaben für die Fahrzeuge, speziell für Autos, und damit verbunden die Ausgaben für Reisen; aber auch für Bücher und für die Gesundheit wird mit zunehmendem Alter mehr ausgegeben. Auf der anderen Seite gehen die Ausgaben für Freizeitartikel, Sportveranstaltungen, Schallplatten und Musikcassetten, für Kinobesuche sowie für Kleidung, Schmuck und Süßigkeiten relativ zurück. Der Anstieg bzw. der Rückgang der Konsumausgaben für die einzelnen Güter kann hier natürlich nur als relativer Anstieg bzw. Rückgang angesichts der gesamten Konsumausgaben interpretiert werden, da die Ausgaben für fast alle Bereiche mit dem durch das Alter steigenden Einkommen absolut zunehmend dürften. Was sich jedoch ändert, ist die Struktur der Konsumausgaben.

Sehen wir uns jetzt noch die zwar kleinen, aber vielleicht doch erwartbaren Effekte des elterlichen Bildungsniveaus und Einkommens auf die Ausgaben der Jugendlichen an. Bezeichnend ist, daß mit zunehmendem Bildungsniveau der Eltern die Ausgaben für Bücher und für Theaterbesuche steigen und die Ausgaben in Gaststätten und für Kleidung sinken. Hinsichtlich des Haushaltseinkommens gilt, daß Kinder aus "reichen" Familien offensichtlich mehr Geld für ihre Hobbies und Freizeitartikel sowie für Einrichtungsgegenstände und Drogen ausgeben (können) und weniger Geld für das Essen und Trinken und den Gaststättenbesuch, aber auch für Zigaretten und Blumen als Kinder aus relativ bescheidenen Verhältnissen. Allerdings sollte man die hier aufscheinenden schwachen Zusammenhänge zur sozialen Herkunft nicht überinterpretieren oder gar überbewerten.

2. Zur Struktur des Konsums

In der bisherigen Analyse haben wir Art und Umfang der Konsumausgaben der Jugendlichen insgesamt, sowie nach einigen sozialen Merkmalen differenziert, betrachtet. Im folgenden wollen wir herauszufinden versuchen, ob sich innerhalb dieses Güterkonsums eine Struktur in der Weise erkennen läßt, daß bestimmte Konsumformen miteinander kombiniert auftreten und Konsummuster bilden.

Zu diesem Zweck haben wir in einem ersten Schritt eine Korrelationsanalyse sämtlicher Ausgabenvariablen durchgeführt, um Zusammenhänge zu erkennen. Bei 7 Variablen zeigten sich weniger als 5 signifikante Korrelationen mit den übrigen Variablen; sie wurden deshalb aus der weiteren Analyse herausgenommen. Auf der Basis der verbliebenen 17 Ausgabenvariablen wurde dann eine Faktorenanalyse durchgeführt, die insgesamt 6 inhaltlich gut als Konsummuster interpretierbare Faktoren erkennen ließ:

- Faktor 1: Ausgaben für persönliches Aussehen; auf diesem Faktor laden vor allem die Ausgaben für Kleidung, Schmuck und Kosmetik hoch;
- Faktor 2: Ausgaben für das Ausgehen; hier laden die Ausgaben für Diskotheken-, Gaststätten- und Kinobesuche hoch;
- Faktor 3: Ausgaben für Rauschmittel; hierzu gehören die Ausgaben für Alkoholika, Zigaretten und Drogen;
- Faktor 4: Ausgaben für die Wohnungseinrichtung; hierzu gehören Ausgaben für Einrichtungsgegenstände und für Blumen;
- Faktor 5: Ausgaben für Bildung und Kultur; hierzu zählen die Ausgaben für Theaterbesuche und für Bücher;
- Faktor 6: Ausgaben für Hobbies; hierzu gehören vor allem auch die Ausgaben für Musik in Form von Schallplatten und Cassetten.

Diese Faktoren erklären insgesamt 55% der Varianz der einbezogenen Variablen.

Obwohl die einzelnen Faktoren nach dem Orthogonalitätsprinzip extrahiert wurden, stehen die auf ihrer Basis gebildeten neuen Variablen für die entsprechenden Konsumausgaben miteinander in bestimmten Beziehungen, die im folgenden Modell abgebildet sind (vgl. Modell 2).

Wir stellen somit fest, daß diejenigen, die viel Geld für ihr äußeres Aussehen ausgeben, die also Wert auf Kleidung, Kosmetika und Schmuck legen, gleichzeitig auch relativ viel Geld für den Besuch in Diskotheken, Kinos und Gaststätten, aber auch für eine schöne und geschmackvolle Wohnungseinrichtung ausgeben. Wer also selbst viel Wert auf sein eigenes Äußeres legt, möchte dieses auch draußen zeigen; natürlich muß dann auch die eigene Zimmer- und Wohnungseinrichtung einen schönen und gepflegten Eindruck bei den Freunden und Bekannten machen. Auf der anderen Seite steht dieses Ausgabenverhalten in einem negativen Zusammenhang zu den Ausgaben für Rauschmittel: Ein gepflegtes eigenes Aussehen verträgt sich offensichtlich nicht mit dem exzessiven Genuß von Alkohol, Zigaretten und Drogen.

Modell 2: Zusammenhänge zwischen den Konsumausgaben (Pearson`s r)

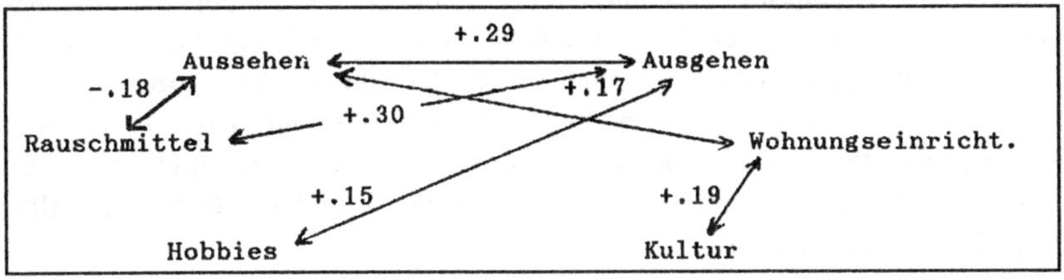

Rauschmittelkonsum steht jedoch in positivem Zusammenhang mit dem Besuch von Diskotheken und Gaststätten, schließlich werden hier in besonderem Umfang Alkoholika und Zigaretten konsumiert; auf der anderen Seite verträgt sich Rauschmittelkonsum erwartungsgemäß nicht mit dem Konsum von Bildungs- und Kulturgütern. Letzteres korreliert jedoch mit den Ausgaben für eine gepflegte und schöne Wohnung.

Bleibt zum Schluß darauf hinzuweisen, daß diejenigen, die viel Wert auf ihre Hobbies legen, zu denen vor allem auch das Musikhören zählt, sowohl für eine gepflegte Atmosphäre zuhause als auch für den Besuch vor allem von Diskotheken mehr Geld auszugeben bereit sind.

Die mit Hilfe der Korrelations- und Faktorenanalysen erkennbaren Konsummuster der Jugendlichen bilden natürlich nicht das gesamte Konsumverhalten der Jugendlichen ab; sie stellen jedoch bedeutende voneinander abgrenzbare Bereiche dar, in die Konsumausgaben der Jugendlichen offensichtlich "gebündelt" fließen. Wer also häufig in Diskotheken geht, besucht auch verstärkt Kinovorstellungen; wer viel Geld für Kleidung ausgibt, gibt gleichzeitig viel Geld für Schmuck und Kosmetika aus und umgekehrt, um nur einige Beispiel zu nennen. Fragen wir jetzt, wie diese Konsummuster mit den übrigen Variablen aus dem theoretischen Modell korrelieren.

Die Ausgaben für das persönliche Aussehen, also Ausgaben für Kleidung, Schmuck und Kosmetika korrelieren hoch mit dem Geschlecht, dem Alter sowie schwach mit dem Bildungniveau der Eltern: Insbesondere junge Mädchen aus unteren und mittleren sozialen Schichten geben besonders viel Geld für ihr persönliches Aussehen aus. Hinsichtlich der Konsumeinstellungen lassen sie sich wie folgt charakterisieren: Ihr Preisbewußtsein und ihr Sparbewußtsein ist relativ niedrig, sie haben ständig Geldsorgen, wollen aber stets das Neueste und qualitativ Beste kaufen; die Bereitschaft zu Konsumverzicht ist eher gering, ebenso das Umweltbewußtsein.

Was die persönlichen Werthaltungen angeht, werden Liebe, partnerschaftliche Treue, ein gutes Familienleben mit eigenen Kindern, der Glaube an Gott sowie vor allem das persönliche Aussehen und das Ansehen bei Freunden und Bekannten sehr geschätzt. Hinsichtlich der abgefragten Tugenden werden besonders die traditionellen Pflichttugenden hochgehalten: Höflichkeit, Disziplin, Pflichterfüllung, Fleiß, Pünktlichkeit und Anpassungsbereitschaft werden hochgeschätzt, während auf der anderen Seite Mitbestimmungsmöglichkeiten und Kreativität eine relativ geringe Beachtung finden. Diese Gruppe zeichnet sich weiterhin durch relativ geringe Interessen an Politik sowie an Bildung und Kultur, dagegen durch ein hohes Interesse an Unterhaltung aus; sie ist nach der Inglehartschen Materialismus-Skala stark materialistisch orientiert.

Versucht man dieses Konsumverhalten durch Rückgriff auf ausgewählte Faktoren zu erklären, dann bietet sich die Regressionsanalyse an. Bringt man alle vorab genannten Eigenschaften, die mit diesem Konsumverhalten korrelieren, in ein Regressionsmodell, dann reduziert sich die Zahl der erklärenden Eigenschaften auf nur noch vier stabile Merkmale, die ihrerseits mit den übrigen o.g. Eigenschaften zusammenhängen (vgl. Modell 3).

Modell 3: Regressionsmodell des Ausgabenverhaltens für das äußere Aussehen

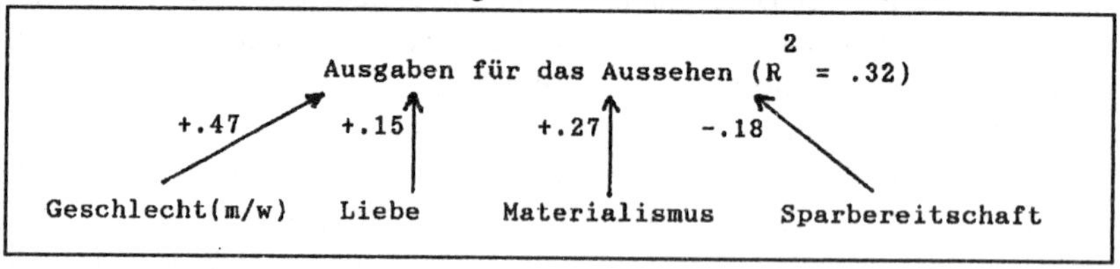

Ausgaben zur Verbesserung des äußeren Aussehens werden also vor allem von den Mädchen getätigt, für die Liebe einen sehr hohen Wert besitzt, die stark materialistisch orientiert sind und nur eine geringe Sparbereitschaft besitzen. Die vier genannten Merkmale erklären immerhin 32% der Varianz der abhängigen Variablen.

Wie sehen nun diejenigen aus, die relativ viel Geld in Diskotheken, Kinos und Gaststätten ausgeben? Zunächst gilt, daß es sich hier auch um die jüngeren Jugendlichen handelt, ansonsten ist dieses Ausgabenverhalten geschlechts- und herkunftsschichtneutral; allerdings scheinen diese Jugendlichen über mehr Geld zu verfügen als ihre Freunde und Bekannten. Hinsichtlich ihrer Konsumeinstellungen sind nur wenige Besonderheiten feststellbar, so eine deutliche Bereitschaft zu extravaganter Kleidung und äußerer Erscheinung und einer entsprechend geringen Bereitschaft zu Konsumverzicht. Bei den persönlichen Werthaltungen wird das eigene Aussehen aber auch das Ansehen bei den Freunden und Bekannten betont; Bildung und Umwelt, aber auch Hilfsbereitschaft anderen gegenüber haben für diese Jugendlichen eine relativ geringe Bedeutung; sie wollen statt dessen ihr eigenes Leben genießen und geben hierfür auch sehr viel Geld aus. Auf der Materialismus-Skala zeigen sie erwartungsgemäß ebenfalls deutlich erhöhte Werte.

Fragen wir an dieser Stelle erneut, ob sich dieses Konsumverhalten auf einige wenige Faktoren zurückführen läßt; die Antwort gibt das folgende Modell (vgl. Modell 4).

Modell 4: Regressionsmodell des Ausgabenverhaltens für das Ausgehen in Diskotheken usw.

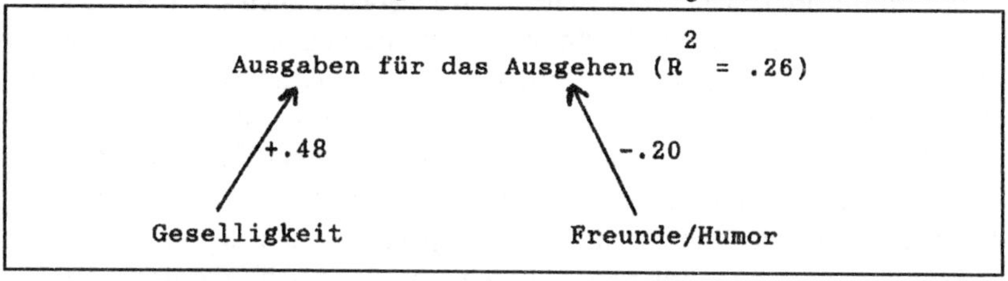

Im vorliegenden Modell werden 26% der Varianz des Ausgabenverhaltens für das Ausgehen in Diskotheken, Kinos und Gaststätten allein durch zwei Faktoren erklärt. Wie zu erwarten ist ein geselliger Lebensstil, bei dem man viel mit sog. Freunden und Bekannten vor allem außerhalb der eigenen vier Wände zusammen sein will, die beste, allerdings eine fast schon tautologische Erklärung für dieses Ausgabeverhalten. Erstaunlich ist auf den ersten Blick, daß dieses Konsumverhalten negativ mit der Bewertung guter Freunde und mit Humor zusammenhängt. Auch eine wiederholte Prüfung dieses Befundes bestätigt, daß diejenigen, die ihr Geld in Diskotheken, Kinos und Gaststätten ausgeben und vorrangig Geselligkeit anstreben, offensichtlich nur flüchtige Bekanntschaften aber keine echten Freunde suchen. Wer Wert auf gute Freunde legt und möglicherweise auch gute Freunde hat, meidet derartige Lokale eher und spart sein Geld. Bezeichnend ist auch, daß echter Humor offensichtlich schlecht zu verschwenderischem Geldausgeben in Diskotheken und Gaststätten paßt.

Ein besonders auffälliges Persönlichkeitsprofil zeigen diejenigen, die viel Geld für Rauschmittel, also für Alkoholika, Zigaretten und für Drogen ausgeben. Zunächst einmal erstaunt, daß alle drei Suchtformen stark miteinander korrelieren (Alkoholausgaben vs. Zigarettenausgaben: Tau B: +.50; Alkoholausgaben vs. Drogenausgaben: Tau B: +.35; Zigarettenausgaben vs. Drogenausgaben: Tau B: +.24) und nicht etwa alternative Formen des Suchtverhaltens darstellen. Betroffen sind vor allem Jungen mit niedrigem formalen Bildungsniveau, die über relativ viel Geld verfügen. Das Alter und die soziale Herkunft spielen keine Rolle. Daß sie trotz ihres vielen Geldes ständig Geldsorgen haben und dementsprechend eine geringe Sparbereitschaft zeigen, erstaunt eigentlich genauso wenig wie die Tatsache, daß sie beim Güterkauf eher die älteren und gebrauchten Dinge den teueren neuen vorziehen.

Hinsichtlich ihrer persönlichen Werthaltungen und Einstellungen können sie eher als Verweigerer und Aussteiger gekennzeichnet werden. So werden die traditionellen Werte wie Liebe, partnerschaftliche Treue, ein geordnetes Familienleben, eigene Kinder und der Glaube an Gott oder Hilfsbereitschaft anderen Menschen gegenüber genau so wenig geschätzt wie eine ausfüllende Berufstätigkeit und ein sicherer Arbeitsplatz; auch die traditionellen Tugenden der Höflichkeit, Disziplin, Pflichterfüllung, des Fleißes sowie der Bescheidenheit, Anpassungsbereitschaft und Pünktlichkeit werden von ihnen nicht geschätzt. Auf der anderen Seite stehen bei ihnen die persönliche Emanzipation, der Lebensgenuß, einschließlich der Sexualität, und ein abwechselungsreiches Leben hoch im Kurs. Sie leben nach eigenem Bekunden wenig gesund und treiben wenig Sport, zeigen sich jedoch politisch verstärkt aktiv und unterdurchschnittlich materialistisch orientiert. Die Berücksichtigung aller dieser Variablen in einer Regressionsanalyse zur Erklärung der Rauschmittelausgaben ergibt das folgende Modell (vgl. Modell 5).

Modell 5: Regressionsmodell der Ausgaben für Rauschmittel (Alkoholika, Zigaretten, Drogen)

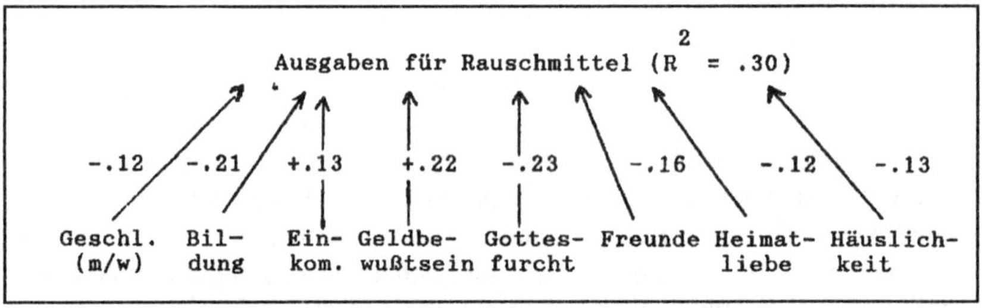

Erhöhte Ausgaben für Rauschmittel finden wir somit vor allem bei den Jungen mit niedriger formaler Bildung, höheren finanziellen Mitteln und einem ausgesprochen hohen Geldbewußtsein. Bezeichnend ist, daß sie sich vor allem durch eine relativ hohe Bindungslosigkeit auszeichnen: Die Geringschätzung von Gott und Religion, von guten Freunden, der eigenen Heimat sowie des eigenen häuslichen Familienlebens zeigen, daß der Rauschmittelkonsum der Jugendlichen ein ausgesprochenes Rückzugs- bzw. Protestverhalten darstellt. Die Faktoren erklären den relativ hohen Anteil von 30% der Varianz des Ausgabenverhaltens.

Erhöhte Ausgaben für die Einrichtung des eigenen Zimmers oder der eigenen Wohnung finden wir vor allem bei den Mädchen mit einem höheren absoluten und relativen Einkommen, unabhängig vom Alter oder der sozialen Herkunft. Hinsichtlich ihrer Konsumeinstellungen zeichnen sie sich durch ein hohes Qualitäts- und Umweltbewußtsein aus. Was die persönlichen Werthaltungen angeht, stehen hier wieder die traditionellen Werte wie Liebe, Treue, eigene Kinder und der Glaube an Gott im Vordergrund. Sie besitzen eine starke berufliche Leistungs- und Aufstiegsorientierung und streben nach eigenen Entscheidungsbefugnissen. Von den traditionellen Tugenden wird allerdings nur der Höflichkeit und der Hilfsbereitschaft ein besonderer Stellenwert eingeräumt; im übrigen führen sie nach eigenem Bekunden ein gesundes, eher ruhiges, beschauliches Leben in einem angenehmen, teils luxuriösen Zuhause. Sie lieben jedoch auch das Reisen und sind eher postmaterialistisch eingestellt.

Durch eine Regressionsanalyse läßt sich in diesem Fall allerdings nur ein geringer Teil der Varianz des Ausgabenverhaltens erklären (12%). Zu den dominanten Erklärungsfaktoren gehören das Geschlecht (Beta: +.15), die Höhe der Einkünfte (Beta: +.14), sowie das Qualitäts- (Beta: +.18) und das Umweltbewußtsein (Beta: +.21) als Konsumeinstellungen; die Werthaltungen und Lebensstilvariablen erscheinen mit den genannten Variablen so konfundiert, daß sie in der Regressionsanalyse nicht als eigenständige Erklärungsfaktoren erscheinen.

Betrachten wir jetzt diejenigen, die ihr Geld vor allem für Hobbies ausgeben, wobei die Musik das wichtigste Hobby darstellt. In dieser Gruppe finden wir vor allem die jüngeren Jungen mit relativ wenig Geld, vornehmlich die Schüler. Bei den Konsumeinstellungen zeigt sich ein starkes Interesse an Neuigkeiten, besonders auch an technischen und musikalischen Neuigkeiten und Modeerscheinungen, verbunden mit einem ausgesprochenen Qualitätsbewußtsein; das Preisbewußtsein ist bei ihnen allerdings unterdurchschnittlich ausgeprägt. Hinsichtlich der Werthaltungen und Tugenden zeigen sie keinerlei Besonderheiten. Auffallend ist nur eine leicht erhöhte materialistische Grundeinstellung. Darüberhinaus sind diese Jugendlichen verstärkt in Freizeit- und Hobbyvereinen eingebunden.

Die Regressionsanalyse bringt auch in diesem Fall keine größere Tiefenschärfe; die erklärte Varianz des Ausgabenverhaltens ist mit nur 9% noch geringer als die vorher erklärte Varianz. Einen eigenständigen Einfluß auf dieses Konsumverhalten zeigen allenfalls das Geschlecht (Beta: -.25) und die Zugehörigkeit zu Freizeit- und Hobbyvereinen (Beta: +.17).

Betrachten wir zum Schluß die kulturell Engagierten, die besonders viel Geld für ihre Bildung und für kulturelle Veranstaltungen ausgeben. In dieser Gruppe finden wir vor allem ältere Jugendliche mit absolut und relativ mehr

Geld als ihre Freunde und Bekannten, unabhängig von Geschlecht und sozialer Herkunft.

Was ihre Konsumeinstellungen angeht, sind sie als sparsam zu kennzeichnen, sie ziehen ältere und gebrauchte Güter neueren und teueren Gütern vor, Extravaganzen liegen ihnen fern, dementsprechend sind sie auch überdurchschnittlich zu Konsumverzicht bereit und besitzen ein ausgesprochen starkes Umweltbewußtsein. Bei den persönlichen Werten wird vor allem die Liebe betont. In beruflicher Hinsicht wird ein Beruf angestrebt, mit dem man sich identifizieren kann und der Möglichkeiten bietet, selbständig entscheiden und anderen Menschen helfen zu können; das Einkommen spielt dann eine untergeordnete Rolle. Da Arbeit und Berufstätigkeit im Mittelpunkt des Lebens stehen, ist auch die Freizeitorientierung eher gering, was sich u.a. darin ausdrückt, daß das Fernsehen und Besuche in Diskotheken und Gaststätten eine untergeordnete Rolle spielen. Bei den Werten wird besonders auf Höflichkeit und Bescheidenheit, aber auch auf Emanzipation, Selbstbestimmung und Kreativität geachtet. Daß Bildung und Weiterbildung sowie Kunst und Kultur auch als Werte hoch im Kurs stehen, verwundert hier nicht weiter; hinzu kommt ein starkes sozial- und umweltpolitisches Engagement. Diese Gruppe der Jugendlichen weist die relativ niedrigsten Werte auf der Materialismus- und die höchsten Werte auf der Postmaterialismus-Skala auf (vgl. Modell 6).

Modell 6: Regressionsmodell der Ausgaben für Bildung und Kultur

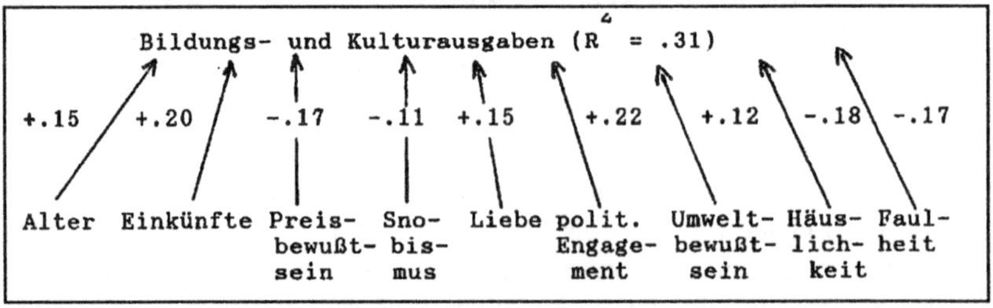

Für Bildung und Kultur geben vor allem die älteren Jugendlichen mit höherer Schulbildung mehr Geld aus. Obwohl ihr Preisbewußtsein insgesamt eher unterentwickelt scheint, sind sie relativ sparsam. Verhaßt ist ihnen jede Form des Snobismus, also eines Verhaltens, das auf Extravaganzen und Äußerlichkeiten Wert legt. Aber auch die biedere, in gleichmäßigen Bahnen verlaufende Häuslichkeit gehört nicht zu ihren Tugenden. Fernsehen und Faulenzen während der Freizeit werden von ihnen ebenfalls abgelehnt. Auf der anderen Seite stehen bei ihnen Werte wie Liebe, politisches Engagement und Engagement für die Umwelt besonders hoch im Kurs. Offensichtlich handelt es sich hier um eine Gruppe von Jugendlichen, die alle Merkmale der zukünftigen Elite einer offenen Gesellschaft besitzt. Insgesamt werden durch die Variablen des Regressionsmodells 31% der Varianz des Ausgabenverhaltens erklärt.

3. Besitz von und Wunsch nach Konsumgütern

Konsumausgaben werden nicht nur für Verbrauchsgüter, sondern auch für Gebrauchsgüter getätigt. Daher stellt sich hier die Frage nach den in Konsumgütern geronnenen Konsumausgaben. Anders gefragt, welche Güter besitzen die Jugendlichen in welchem Umfang, gibt es hier Unterschiede zwischen den Geschlechtern und den einzelnen Altersgruppen sowie hinsichtlich des eigenen sozialen Status und der sozialen Herkunft (vgl. Tabelle 16).

Tabelle 16: Besitz von Konsumgütern insgesamt sowie nach Geschlecht, eigenem Status, Alter und dem Bildungsstatus des Vaters

Konsumgüter	insg. %	männl. %	weibl. %	Schüler %	Azubi %	Beruf. %	Alter je Tau C	Herk. je Tau C
Radio	95	96	94	96	92	100	-	-
Musikanlage	87	93	80	89	86	78	-.13	-
Fahrrad	87	81	92	89	83	83	-.11	-
Walkman	68	74	62	74	59	72	-.14	-
Fernseher	67	75	60	62	76	78	+.13	-
Fotoapparat	64	59	68	65	63	72	-	-
Schmuck	57	35	77	55	68	56	-	-
Musikinstr.	55	44	63	58	47	39	-	-
Lederjacke	49	51	49	44	54	78	-	-
Auto	30	29	31	22	40	61	+.45	-
Videogerät	21	29	14	18	21	50	-	-
Computer	19	30	8	21	18	17	-	+.14
CD-Player	17	24	10	16	14	50	+.17	-
Mofa	12	15	10	15	10	6	-.25	-.14
Moped	6	9	2	6	3	6	-	-
Motorrad	6	9	2	1	10	6	-	-
Filmkamera	3	3	4	5	2	-	-	-

Anmerkungen: Bei den Korrelationskoeffizienten bezüglich Alter und soziale Herkunft gilt: Positive Vorzeichen: Je höher Alter und Bildungsgrad des Vaters, desto eher wird das entsprechende Gut besessen, und vice versa. Koeffizienten > .16 sind auf dem 95%-Niveau signifikant, Koeffizienten > .21 auf dem 99%-Niveau.

Der Umfang des Konsumgüterbesitzes ist abhängig von den eigenen Präferenzen und dem verfügbaren Einkommen. Hinsichtlich der Präferenzen stehen die audiovisuellen Medien an der Spitze: Radio, Musikanlage, Walkman und ein Fernsehgerät werden von wenigstens zwei Dritteln aller Jugendlichen bereits besessen. Die Jugendlichen kaufen sich diese Geräte entweder mit eigenem erspartem Geld oder lassen sie sich von ihren Eltern schenken. Je höher mit zunehmendem Alter das eigene Einkommen steigt, desto schneller werden dann auch die relativ teueren Geräte wie Videogeräte und CD-Player angeschafft. Bemerkenswert ist bezüglich der audiovisuellen Geräte ein deutlicher Effekt der Geschlechtszugehörigkeit: Jungen kaufen diese Geräte in wesentlich größerem Umfang als Mädchen.

Was die weiteren Konsumgüter angeht, lassen sich keine derart eindeutigen Gütergruppen mehr ausmachen. Ein Fahrrad besitzen immerhin 87% aller Jugendlichen, wobei die Mädchen mit 92% die Jungen mit nur 81% deutlich überflügeln. Mehr als die Hälfte aller Jugendlichen besitzt darüberhinaus bereits einen Fotoapparat, echten Schmuck und ein eigenes Musikinstrument. Deutlich sind auch hier die Differenzen zwischen den Geschlechtern: Geräte zur künstlerischen Betätigung wie Fotoapparate und Musikinstrumente werden häufiger von Mädchen als von Jungen besessen; daß Mädchen mehr echten Schmuck besitzen, war zu erwarten. Ein eigenes Auto besitzen immerhin etwa 30% aller Jugendlichen; es ist wesentlich abhängig vom Erwerb des Führerscheins ab 18 Jahren und vom eigenen Einkommen. Ein Computer steht ebenfalls bereits in etwa einem Fünftel aller Jugendlichenzimmer; die Jungen aber sind mit rund 30% gegenüber nur 8% der Mädchen deutlich besser mit diesem Gerät ausgerüstet. Computer werden den Jugendlichen vor allem auch in Familien mit mittlerem und höherem Bildungsniveau gekauft.

Erstaunlich ist der relativ geringe Besitz von Mofas, Mopeds und Motorrädern, wobei allerdings Jungen in erheblich größerem Maße auf diese Fahrzeuge steigen als Mädchen, die ihrerseits doch eher das Fahrrad zur Weiterbewegung präferieren, sofern sie noch kein Auto besitzen.

Was die Unterschiede zwischen Jungen und Mädchen angeht, war bereits darauf hingewiesen worden, daß Jungen offenbar die audiovisuellen Medien in erheblich größerem Umfang kaufen als die Mädchen, die umgekehrt größeren Wert auf Instrumente zur selbständigen musikalischen Betätigung und auf Schmuck und Kleidung legen als die Jungen. Hinsichtlich der Fahrzeuge geht der Trend bei den Jungen stärker in Richtung einer Motorisierung als bei den Mädchen, zumindest bei der Wahl der Zweiräder; bei den Autos ziehen die Mädchen dann offenbar gleich.

Hinsichtlich des Alters lassen sich die folgenden Besonderheiten erkennen: Der Besitz relativ einfacher audiovisueller Geräte sinkt mit zunehmendem Alter, während der Besitz hochwertiger Geräte ansteigt. Bei den Fahrzeugen geht der Trend bekanntermaßen bei den Jungen vom Fahrrad über das Mofa oder das Moped zum Auto, während die Mädchen mit dem Erwerb des Führerscheins direkt vom Fahrrad auf das Auto umsteigen.

Eindeutig abgrenzbare Muster des Besitzes bestimmter Güter, den Konsummustern des vorhergehenden Abschnitts entsprechend, lassen sich hier nicht erkennen. Ganz vorsichtig läßt sich allenfalls von Kombinationen verschiedener audiovisueller Medien sprechen: So erscheinen einerseits Fernsehgeräte mit Videogeräten und Videokameras, aber auch noch mit hochwertigen CD-Playern kombiniert, während andererseits Musikanlagen, einschließlich der Radiogeräte und der Walkmans zusammenfallen. Unabhängig hiervon erscheint der Besitz von Musikinstrumenten, die im Unterschied zur passiven Musikaufnahme mittels der bisherigen Medien ein aktives Musizieren verlangen.

Wohin aber gehen nun die Wünsche der Jugendlichen? Um sie zu ermitteln, wurde den Jugendlichen der Güterkatalog erneut mit der Bitte vorgelegt, anzugeben, was sie sich wünschen, sofern sie es noch nicht haben; das Ergebnis faßt Tabelle 17 zusammen (vgl. Tabelle 17).

Die Wunschliste derjenigen, die die aufgeführten Konsumgüter noch nicht besitzen, entspricht im groben der Liste des Konsumgüterbesitzes. Ganz oben bei den Wünschen stehen die Musikanlage und das eigene Auto; etwa drei Viertel aller Jugendlichen, die diese Dinge noch nicht besitzen, äußern einen entsprechenden Wunsch. Mit rund 50% aller Wünsche folgen ein Fernsehgerät, ein CD-Player und ein Fotoapparat. Die Lederjacke, ein Fahrrad, ein Motorrad und ein Videogerät werden immerhin noch von 45-41% der Jugendlichen gewünscht. Es folgen ein Radio und ein Walkman, die von rund einem Drittel gewünscht werden. Etwa ein Fünftel bis ein Viertel aller Jugendlichen wünscht sich eine Videokamera, einen Computer, ein Musikinstrument, eine Filmkamera sowie echten Schmuck. Und nur ein Zehntel der Jugendlichen ist an einem Moped oder einem Mofa interessiert.

Insgesamt gesehen liegen die audiovisuellen Medien ganz vorn in der Präferenzliste der Jugendlichen: Entweder hat man sie bereits zu einem sehr hohen Anteil oder man wünscht sie ganz dringend und wird sie vermutlich in naher Zukunft kaufen, sobald das Geld vorhanden ist. Daß das Auto ebenfalls sehr hoch in der Prioritätenliste rangiert, verwundert nicht; die Realisierung dieses Wunsches ist jedoch an eine Fahrerlaubnis und an das nötige Kleingeld gebunden.

Bemerkenswert sind erneut die geschlechtsspezifischen Differenzen in der Wunschliste, die den Differenzen in der Besitzliste weitgehend entsprechen. So rangieren die high-tech-audiovisuellen Medien bei den Jungen in der Prioritätenliste deutlich höher als bei den Mädchen, die ihrerseits allenfalls bei den Wünschen nach einem einfachen Radio oder Walkman vor den Jungen liegen. Bemerkenswert ist auch der Unterschied hinsichtlich eines Computerwunsches: Mädchen besitzen nicht nur in geringerem Umfang einen Computer, sie wünschen sich ihn auch seltener als Jungen.

Tabelle 17: Wunsch nach Konsumgütern nach Geschlecht und Alter

Konsumgüter	insg. %	männl. %	weibl. %	Alter Tau C
Musikanlage	74	75	73	-.03
Auto	73	71	74	-.13
Fernseher	51	51	50	-.40
CD-Player	51	57	46	-.25
Fotoapparat	48	37	61	+.03
Lederjacke	45	47	43	-.26
Fahrrad	44	35	63	-.13
Videogerät	42	47	36	-.25
Motorrad	41	48	35	-.17
Radio	36	26	44	-.09
Walkman	34	25	40	-.18
Videokamera	27	31	23	-.10
Computer	25	28	22	+.02
Musikinstrument	22	16	31	+.12
Filmkamera	21	21	21	-.06
echter Schmuck	19	15	17	-.10
Moped	10	11	8	-.24
Mofa	10	10	10	-.25

Anmerkungen: Bezüglich des Alters bedeuten negative Vorzeichen der Koeffizienten, daß mit zunehmendem Alter der Wunsch nach diesen Güter zurückgeht und umgekehrt.

Es ist zu vermuten, daß die hier im Besitz und im Wunsch nach high-tech-Produkten zum Ausdruck kommenden Unterschiede zwischen den Jungen und Mädchen im späteren beruflichen Leben zu einer relativen Benachteiligung der Mädchen an all den Arbeitsplätzen führen werden, an denen hochtechnisiert gearbeitet wird. Bei der Betrachtung der Zusammenhänge zwischen den Konsumgüterwünschen und dem Alter sind Alters- und Sättigungseffekte konfundiert: Da mit zunehmendem Alter und zunehmendem Einkommen die Wünsche sukzessive befriedigt werden können, haben wir es durchgehend mit negativen Vorzeichen bei den Koeffizienten zu tun. Alterseffekte lassen sich am ehesten beim Wunsch nach einem Computer und nach einem Musikinstrument vermuten; hier dürften die Wünsche mit zunehmendem Alter ansteigen.

4. Kriterien des Kaufs von Gütern

4.1 Art und relative Bedeutsamkeit der Kriterien

Im Rahmen unserer Untersuchung interessiert uns schwerpunktmäßig die Frage, an welchen Kriterien sich die Jugendlichen beim Kauf der Konsumgüter orientieren. Im Rahmen der theoretischen Überlegungen war bereits erwähnt worden, daß Konsum nicht nur der unmittelbaren Bedürfnisbefriedigung und der langfristigen Sicherung der Bedürfnisbefriedigung dient, sondern zugleich Funktionen in bezug auf die Selbstverwirklichung sowie in bezug auf die soziale Differenzierung erfüllt. Es war weiterhin vermutet worden, daß vor allem im Bereich von extravaganten Gütern oder auch von Luxusgütern mit zunehmender Höhe der diskretionären Einkommen die Orientierung an Selbstverwirklichungs- sowie an Prestigemotiven ansteigen, und die Orientierung an den Preisen oder auch an der Preis-Leistungsrelation zurückgehen würde. Da die durch ihre Eltern hinsichtlich der Grundversorgung gesicherten Jugendlichen ihr Einkommen überwiegend zur freien Verfügung haben, wurde weiterhin vermutet, daß gerade sie sich beim Kauf der Güter daran orientieren, inwieweit die Güter zur Selbstverwirklichung und zur Mehrung ihres Ansehens bei ihren Freunden und Bekannten beitragen.

Um herauszufinden, an welchen Kriterien sich die Jugendlichen in welchem Maße orientieren, haben wir drei verschiedene Indikatorengruppen gewählt:

1. Es wurde der Kauf von vier verschiedenen Gütern vorgegeben, nämlich der Kauf einer Jacke für den Alltagsgebrauch, eines neuen Fahrzeugs (Moped oder Auto), einer neuen Stereoanlage und einer neuen Schallplatte oder einer CD. Bezüglich aller Käufe wurden die Jugendlichen anzugeben gebeten, wie wichtig ihnen dabei eine Reihe von Gütermerkmalen sind.
2. Es wurden beim Kauf eines Gutes, nämlich einer Jacke, vier unterschiedliche Konstellationen vorgegeben, bei denen die Merkmale Preis, persönliches Gefallen und der Eindruck bei Freunden in unterschiedlicher Weise miteinander kombiniert wurden.
3. Indikatoren für Preisorientierung, Qualitätsorientierung und Prestigeorientierung wurden in Form von Behauptungen formuliert, denen in unterschiedlichem Maße zugestimmt werden konnte.

4.2 Entscheidungskriterien beim Kauf unterschiedlicher Güter

Bezüglich des Kaufs einer Jacke, eines Fahrzeugs, einer Stereoanlage sowie einer Schallplatte/CD wurden sowohl Standardmerkmale bzw. -kriterien abgefragt als auch produktspezifische Merkmale. Zu den Standardkriterien zählten

- das persönliche Gefallen (= Fähigkeit zur Selbstverwirklichung),
- der Eindruck bei Freunden und Bekannten (= Fähigkeit zur sozialen Differenzierung),

- die "gute" Qualität,
- der "niedrige" Preis,
- ein ausgewogenes Preis-Leistungs-Verhältnis.

Bei den produktspezifischen Kriterien wurde nach der Sportlichkeit des Fahrzeugs, nach der Watt-Leistung der Musikanlage u.a. mehr gefragt. Die relative Bedeutsamkeit der Entscheidungskriterien beim Kauf der einzelnen Güter zeigt Tabelle 18 in Form von Mittelwerten (vgl. Tabelle 18).

An der ersten Stelle steht, wie zu erwarten, das persönliche Gefallen. Es muß ein Bezug zur eigenen Person gegeben sein, mit dem Kauf eines der Güter muß sich der Jugendliche gleichzeitig auch selbst verwirklichen können. Das persönliche Gefallen ist für alle unabdingbar. Von daher stellt sich dann die Frage, ob es sich nicht hier um ein sozial erwünschtes Kriterium handelt, das zur weiteren Differenzierung von Personen untauglich ist.

Tabelle 18: Relative Bedeutsamkeit von Entscheidungskriterien beim Kauf von...

Kriterien	Güter				
	Jacke x	Fahrzeug x	Stereoanl. x	Schallpl. x	Rangplatz
pers. Gefallen	2,8	2,7	2,8	2,9	1.
Eindruck Freunde	1,3	1,4	1,3	1,3	5.
Qualität	2,3	2,6	2,6	2,5	2.
niedriger Preis	1,9	2,1	1,9	1,9	4.
Preis-Leist.-Verh.	2,4	-	2,4	2,2	3.
Mode/neuestes Modell	1,9	1,5	1,6	1,7	
Besonderes/Exklus.	1,9	1,7	1,2	1,5	
besondere Marke	1,2	-	1,8	-	
besonderes Geschäft	1,1	-	-	-	
Schnelligkeit	-	1,8	-	-	
Umweltfreundlichkeit	-	2,2	-	-	
teuere Marke	-	1,2	-	-	
Einfachheit	-	1,2	1,9	-	
Kundendienst	-	-	2,0	-	
Watt-Leistung	-	-	2,2	-	
Musikrichtung	-	-	-	2,6	

An zweiter Stelle folgt die Qualität der Güter. Hier wird eine ausgesprochen starke Qualitätsorientierung deutlich, die in Verbindung mit dem drittwichtigsten Kriterium, der Preis-Leistungsrelation ein kritisches Kaufbewußtsein und Kaufverhalten indiziert. Erstaunlich ist demgegenüber, daß niedrige Preise für sich genommen eine geringere Bedeutung zugesprochen erhalten; offensichtlich werden sie mit minderwertiger Qualität assoziiert und von daher gering geachtet. Noch erstaunlicher ist, daß der Eindruck bei Freunden und Bekannten mit Abstand auf dem letzten Platz landet. Dies widerspricht unseren Erwartungen auf den ersten Blick doch erheblich. Zu vermuten ist jedoch, daß mit diesem Kriterium Angeberei assoziiert wird, die ihrerseits negativ besetzt ist und damit einen Effekt der sozialen Unerwünschtheit produziert. Nimmt man die zwei weiteren Kriterien Mode und Exklusivität noch hinzu, dann rangieren sie noch vor der Fähigkeit der Güter, mit ihrem Kauf bei Freunden und Bekannten Eindruck zu machen.

4.3 Entscheidungskriterien beim Kauf eines Gutes (Jacke)

Bezüglich des Kaufs einer Jacke haben wir eine quasi-experimentelle Fragestellung verwendet, um die Entscheidungskriterien der Jugendlichen zu ermitteln. Den Jugendlichen wurden vier unterschiedliche Situationen vorgegeben, in die sie beim Kauf einer Jacke geraten können. Für jede Situation sollte eine Entscheidung darüber getroffen werden, ob man die Jacke unter den gegebenen Bedingungen kaufen würde oder nicht. Die Ergebnisse faßt Tabelle 19 zusammen (vgl. Tabelle 19).

Tabelle 19: Kaufentscheidung unter alternativen Bedingungskonstellationen

Situationen	Reaktionen	%
Situation 1: Du siehst in einem Geschäft eine tolle Jacke, die Dir gut steht und mit der Du auch bei Deinen Freunden und Bekannten Eindruck machen würdest. Du müßtest dafür aber fast Dein ganzes Dir zur Zeit zur Verfügung stehendes Geld ausgeben.	kaufen unentschieden verzichten	16 31 54
Situation 2: Du siehst in einem Geschäft eine Jacke, die Dir zwar gut gefällt, die im Kreis Deiner Freunde und Bekannten aber nichts Besonderes darstellt. Auch hierfür müßtest Du fast Dein ganzes Geld ausgeben.	kaufen unentschieden verzichten	11 36 52
Situation 3: Du siehst in einem Geschäft eine Jacke, die Du zwar nicht unbedingt brauchst, die aber sicherlich im Bekanntenkreis einen großen Eindruck hinterlassen würde. Vom Preis her könntest Du dir die Jacke ohne weiteres leisten.	kaufen unentschieden verzichten	12 31 56
Situation 4: Du siehst in einem Geschäft eine preiswerte Jacke, die Dir persönlich zwar gut gefällt, aber ansonsten nichts Ungewöhnliches darstellt. Vom Preis her könntest Du sie Dir ohne weiteres leisten.	kaufen unentschieden verzichten	53 37 9
		n je =264

Bemerkenswert ist, daß unter den Bedingungen der ersten drei Situationen jeweils mehr als die Hälfte aller Jugendlichen auf den Kauf verzichten würde. Immer dann, wenn die Jacke entweder zu teuer ist oder persönlich nicht gefällt, dann fällt eine Entscheidung überwiegend gegen den Kauf.

Dagegen kauft mehr als die Hälfte der Jugendlichen die Jacke, wenn sie sowohl preiswert ist als auch persönlich gefällt. Der Eindruck, den man mit der Jacke im Bekanntenkreis machen kann, spielt offensichtlich so gut wie keine Rolle. Damit wird deutlich, daß das persönliche Gefallen an der ersten Stelle steht. An der zweiten Stelle rangiert ein günstiger Preis, die soziale Prestigeträchtigkeit ist von untergeordneter Bedeutung. Die Ergebnisse entsprechen denjenigen, die auch beim Kauf unterschiedlicher Güter beobachtet wurden.

Differenziert man nach Geschlecht, Alter, dem eigenen Einkommen und dem Haushaltseinkommen, dann ergibt sich:

- Mädchen kaufen tendenziell eher teuere Kleidung als Jungen, wenn sie ihnen persönlich gefällt (Sit. 1: Tau C = .15 s.; Sit.2: Tau C = .22 s.).
- Jungen kaufen tendenziell eher Kleidung, mit der sie bei ihren Freunden und Bekannten Eindruck machen können, als Mädchen (Sit. 3: Tau C = -.13 s.).
- Mit zunehmendem Alter sinkt die Bereitschaft, relativ teuere Waren einzukaufen; das Preisbewußtsein nimmt zu (Sit. 1: Tau C = -.21 s.; Sit. 4: Tau C = +.11).
- Das eigene und das Haushaltseinkommen spielen keine Rolle.

4.4 Situationsunabhängige Entscheidungskriterien

Prüfen wir jetzt noch, ob sich die bisher erkennbare Rangreihe der Kriterien wiederholt, wenn man sie unabhängig von konkreten Entscheidungssituationen über die Zustimmung zu Behauptungen abfragt (vgl. Tabelle 20).

Der Vergleich der Mittelwerte der Zustimmung zu den Indikatoren des Preisbewußtseins, des Qualitätsbewußtsein und des Prestigebewußtseins lassen deutlich erkennen, daß die Preis- und Qualitätsorientierungen ein erheblich größeres Gewicht besitzen als die Orientierung am Prestigewert der Güter. Auch hier bestätigt sich somit erneut, daß die Jugendlichen den Preisen und Qualitäten der Güter ein sehr hohes Gewicht bei ihren Kaufentscheidungen beimessen, wohingegen der Prestigewert der Güter, also das Ansehen, das im sozialen Kontext mit ihnen erzielt werden kann, von untergeordneter Bedeutung ist (vgl. Meffert/Windhorst 1984).

Tabelle 20: Die relative Bedeutsamkeit von Entscheidungskriterien unabhängig von Kaufsituationen

Behauptungen	x
1. Preisbewußtsein	
Ich kaufe meist dort ein, wo es die Waren am billigsten gibt.	2.7
Bestimmte Waren des täglichen Bedarfs suche ich erst mal im Sonderangebot.	2.6
Über das, was die Dinge kosten, bin ich immer bestens informiert.	2.5
2. Qualitätsbewußtsein	
Bei allem, was ich kaufe, lege ich größten Wert auf Qualität.	2.9
Bei langlebigen Gebrauchsgütern ist für mich ein guter Kundendienst kaufentscheidend.	2.5
Ich informiere mich gründlich über die Vor- und Nachteile der Produkte.	2.5
3. Prestigebewußtsein/Extravaganz	
Ich kaufe häufig in teueren, exklusiven Geschäften.	1.7
Ich trage gern auffallende, ungewöhnliche Kleidung.	2.0
Ich betreibe ein außergewähnliches Hobby, einen außergewöhnlichen Sport.	1.9
Ich trage ungewöhnliche Frisuren und Haarfarben.	1.7
Ich fahre ein außergewöhnliches Fahrzeug.	1.7

4.5 Zwischenbilanz: Zur Bedeutung der Kriterien

Versucht man die hier anhand dreier Indikatorengruppen gefundenen Ergebnisse über die relative Bedeutsamkeit von Entscheidungskriterien zusammenzufassen und mit den eingangs aufgestellten Hypothesen zu vergleichen, dann ergibt sich:

- Die Güter müssen den Jugendlichen in erster Linie persönlich gefallen. Abstrakter formuliert: Die Güter und ihre Nutzung müssen vor allem zur Selbstverwirklichung beitragen. Daß sie aus praktisch-ökonomischen Anforderungen benötigt werden, spielt demgegenüber eine geringe Rolle. Damit ist die anfangs geäußerte Vermutung über die relativ hohe Bedeutung dieses Kriteriums voll bestätigt.
- Nicht bestätigt hat sich dagegen die Vermutung, daß die Prestigeträchtigkeit der hier angesprochenen relativen Luxusgüter ein wichtiges Kaufkriterium darstellt. Ob die Güter im Kreis der Freunde und Bekannten auch einen nachhaltigen Eindruck hinterlassen, ist - zumindest nach den hier erhobenen subjektiven Äußerungen der Jugendlichen - beim Kauf der Güter nachrangig.
- Nicht bestätigt hat sich weiterhin die Vermutung, daß die Preise und Qualitäten der Güter nur eine untergeordnete Rolle spielen. Im Gegenteil zeigen die Jugendlichen, daß die Preise und Qualitäten der Güter bei ihren Kaufentscheidungen nach dem persönlichen Gefallen die wichtigsten Kriterien darstellen. Sie können damit insgesamt als äußerst preis- und

qualitätsbewußt bezeichnet werden. Dieses Bewußtsein steigt mit zunehmendem Alter noch an. Die Befürchtung, daß der Preismechanismus auf Märkten relativer Luxusgüter mit zunehmender Höhe der diskretionären Einkommen seine Steuerungsfunktion verlieren könnte, kann bei aller Vorsicht, was die Erhebungsmethode angeht, angesichts der hier vorliegenden über alle Indikatoren konsistenten Ergebnisse, die auch keine Zusammenhänge mit dem eigenen Einkommen bzw. dem Einkommen der elterlichen Haushalte erkennen ließen, zumindest für die Jugendlichen als unbegründet zurückgewiesen werden.

5. Entscheidungskriterien und ihre Determinanten

An dieser Stelle erhebt sich die Frage, welche Jugendlichen nach welchen Kriterien entscheiden. Unserem theoretischen Modell folgend, gehen wir zunächst davon aus, daß die Entscheidungskriterien in engem Zusammenhang stehen mit allgemeinen Konsumeinstellungen sowie den persönlichen und den gesellschaftlichen Werthaltungen der Jugendlichen. Einstellungen und Werthaltungen erscheinen ihrerseits wesentlich durch den eigenen Status bedingt, der seinerseits in Abhängigkeit vom sozialen Herkunftsstatus zu sehen ist. Faßt man diese Aussagen zusammen, dann vermuten wir die folgende Kausalstruktur zur Erklärung der unterschiedlichen Entscheidungskriterien (vgl. Modell 7).

Modell 7: Vermutete Kausalstruktur der Entscheidungskriterien

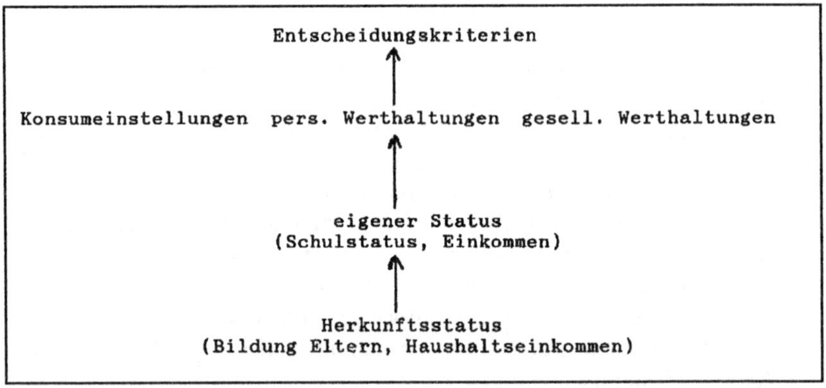

Zur Überprüfung dieses Modells haben wir für die vier grundlegenden Entscheidungskriterien jeweils einen Index über die verschiedenen Kaufsituationen gebildet. Im folgenden werden diese Kriterien zunächst im Rahmen von bivariaten Analysen in Beziehung zu den Einstellungen, Werthaltungen und Statusvariablen gesetzt; danach folgen multivariate Analysen für jedes einzelne Kriterium.

5.1 Das persönliche Gefallen

Da das persönliche Gefallen eines Gutes offensichtlich ein sog. Generalkriterium darstellt, vermuten wir nur geringe Zusammenhänge mit den unabhängigen Variablen. Was die allgemeinen Konsumeinstellungen angeht, finden sich erwartungsgemäß keine signifikanten Zusammenhänge mit diesem Kriterium. Hinsichtlich der persönlichen Werthaltungen zeigen sich schwache Zusammenhänge zur Suche nach Abwechselung und Abenteuer, nach Selbstverwirklichung und Genuß, die zusammengefaßt als hedonistische Orientierung bezeichnet werden können (Tau C +.12 n.s.). Bei den gesellschaftlichen Wertorientierungen ist ein schwacher Zusammenhang zu postmaterialistischen Orientierungen erkennbar (Tau C +.14 n.s.); geschlechts- und alterspezifische Einflüsse sind genauso wenig feststellbar wie Statuseffekte. Hinsichtlich der sozialen Herkunft ist jedoch erkennbar, daß die Bedeutung des persönlichen Gefallens als Kriterium mit der Höhe des väterlichen Bildungsstatus abnimmt (Tau C -.21 s.). Angesichts der wenigen und relativ schwachen bivariaten Zusammenhänge ist eine weitere multivariate Analyse zur Erklärung des persönlichen Gefallens nicht angebracht. Wie vermutet, handelt es sich bei diesem Kriterium um ein sogenanntes selbstverständliches oder Generalkriterium, das beim Kauf aller Güter durchweg erfüllt sein muß: Was nicht gefällt, wird auch nicht gekauft, zumindest im Bereich der hier vorgestellten relativen Luxusgüter.

5.2 Die Qualität der Güter

Wesentlich deutlicher als das persönliche Gefallen wird erwartungsgemäß die Orientierung an der Qualität der Güter von allgemeinen Konsumeinstellungen und Werthaltungen geprägt. Wer sich an der Qualität der Güter orientiert, erscheint zugleich sparsam (Tau C +.25 ss), preis- (Tau C +.12 s) und firmenbewußt (Tau C +.14 s) und kauft überwiegend nur neue Dinge (Tau C +.21 s); Extravaganzen liegen ihm jedoch fern (Tau C -.15 s).

Hinsichtlich der persönlichen Wertorientierungen zeichnen sich die an Qualität Orientierten vor allem durch eine traditionelle Partner-, Familien- und Heimatorientierung (Tau C +.20 s bzw. +.23 ss) sowie durch eine Orientierung an den klassischen Pflicht- und Akzeptanzwerten (Tau C +.17 s) aus. Weiterhin geht die Qualitätsorientierung eher mit einer materialistischen Einstellung einher (Tau C +.15 s); sie ist bei den Jungen größer als bei den Mädchen (Tau C -.21 ss) und steigt mit dem Alter leicht an (Tau C

+.11 ns). Der eigene Status (Schulart und Einkommen) sowie der soziale Herkunftsstatus spielen diesbezüglich direkt erneut keine Rolle.

Versucht man die hier gefundenen bivariaten Zusammenhänge im Rahmen einer multivariaten Pfadanalyse zu vereinfachen, dann ergibt sich das folgende Erklärungsmodell für die Orientierung an der Qualität der Güter (vgl. Modell 8).

Die Qualität der Güter wird vor allem von denen betont, die sich als sparsam bezeichnen, gleichzeitig aber nur neue bzw. neuwertige Güter erwerben wollen. Unter Wertaspekten besitzen die Qualitätsorientierten eine starke konservative Partner- und Familienorientierung sowie eine verstärkte Heimatorientierung.

Modell 8: Kausalmodell zur Erklärung der Qualitätsorientierung

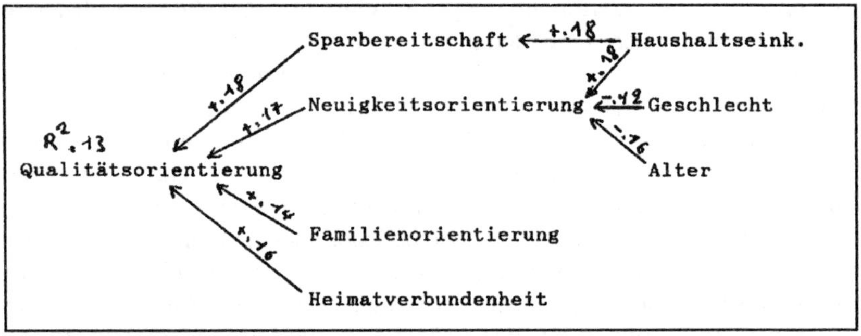

Die Sparsamkeit und die Tendenz, nur neuwertige Güter zu kaufen, findet sich verstärkt bei Jugendlichen aus reicheren Elternhäusern. Die Tendenz zu neuwertigen Gütern ist dabei vor allem bei Jungen zu beobachten; sie nimmt mit zunehmendem Alter leicht ab. Versucht man die Zusammenhänge noch stärker auf den Punkt zu bringen, dann läßt sich grob sagen: Die Qualitätsorientierung findet sich vornehmlich bei konservativen männlichen Jugendlichen aus der oberen Mittelschicht.

5.3 Die Preis-Leistungsorientierung

Da die Qualitätsorientierung und die Preis-Leistungsorientierung miteinander positiv korrelieren (Tau B +.30 ss), sind ähnliche Bedingungskonstellationen zu erwarten; im einzelnen ergibt sich: Wer vor allem Preise und Leistungen miteinander vergleicht, ist hinsichtlich seiner Konsumeinstellungen ebenfalls als sparsam (Tau C +.24 ss), sowie als preis- (Tau C +.20 s) und qualitätsbewußt (Tau C +.25 ss) zu kennzeichnen. Im Unterschied zu denjenigen, die sich vornehmlich an der Qualität orientieren, spielen in dieser Gruppe jedoch bestimmte Firmen, die die Güter anbieten, und die Neuartigkeit und Neuwertigkeit der Güter nur eine untergeordnete Rolle. Diese Gruppe ist auch eher zu Konsumverzicht bereit (Tau C +.15 s) und besitzt ein überdurchschnittlich hohes Umweltbewußtsein (Tau C +.19 s).

Hinsichtlich der persönlichen Werte dominieren in dieser Gruppe vor allem die Selbstverwirklichungswerte wie Selbstbestimmung, Bildung und Kreativität (Tau C +.24 ss) und die Freundschaftswerte (Tau C +.24 ss). Aber auch die eher konservative Partnerschafts- und Familienorientierung (Tau C +.17 s) und die Orientierung an den klassischen Pflicht- und Akzeptanzwerten (Tau C +.14 s) geht mit der Preis-Leistungsorientierung einher. Bezüglich der gesellschaftlichen Werthaltungen findet sich in dieser Gruppe eine stark postmaterialistische Orientierung (Tau C +.35 ss).

Modell 9: Kausalmodell zur Erklärung der Preis-Leistungsorientierung

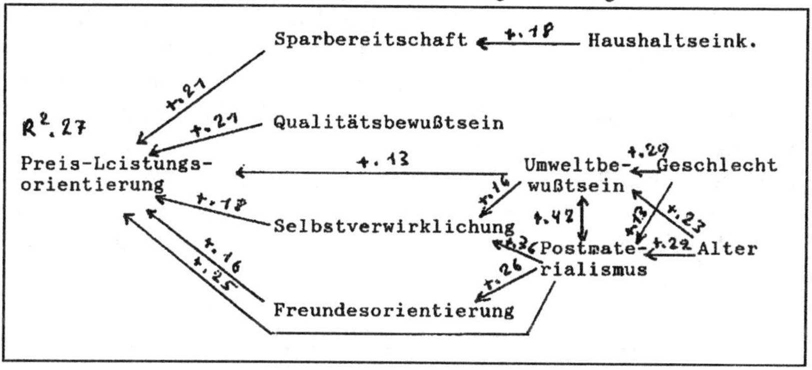

Was die traditionellen Statusvariablen angeht, findet sich auch hier kein systematischer Zusammenhang zwischen der Preis-Leistungsorientierung und dem Geschlecht, dem Alter, dem Schulstatus, dem eigenen Einkommen oder aber auch dem Herkunftsstatus.

Versuchen wir auch hier, die gefundenen Zusammenhänge, unseren theoretischen Überlegungen entsprechend, zu modellieren (vgl. Modell 9).

Der Preis-Leistungsvergleich als Kaufkriterium läßt sich aus ähnlichen Konsumeinstellungen erklären wie die Qualitätsorientierung: Es handelt sich um sparsame und qualitäts- sowie preisbewußte Jugendliche. Hinsichtlich ihrer persönlichen und gesellschaftlichen Wertorientierungen unterscheidet sich diese Gruppe jedoch erheblich von der vorgenannten: Für sie ist Selbstverwirklichung und der Besitz guter Freunde von besonderer Bedeutung. Im Unterschied zur Gruppe der primär an der Qualität von Gütern orientierten Jugendlichen ist ihre Wertorientierung weniger als traditionalistisch und materialistisch als eher modern zu kennzeichnen. Dazu passen die starke Umweltorientierung und die generell postmaterialistische Orientierung.

Diese modernen, umweltbewußten und postmaterialistischen Einstellungen sind eher bei Mädchen als bei Jungen zu finden; sie steigen generell mit zunehmendem Alter an.

5.4 *Die Niedrigpreisorientierung*

Wenden wir uns jetzt denjenigen zu, die vor allem an niedrigen Preisen interessiert sind. Auch hier bleibt zunächst darauf hinzuweisen, daß diese Gruppe vermutlich Ähnlichkeiten mit der vorangehenden Gruppe aufweist, da die Niedrigpreisorientierung positiv mit der Preis-Leistungs-Orientierung korreliert (Tau B +.32 ss).

Hinsichtlich der Konsumeinstellungen finden wir daher ebenfalls eine hohe Preisorientierung (Tau C +.29 ss) und eine starke Bereitschaft zu Konsumverzicht (Tau C +.15 s). Im Unterschied zu den Preis-Leistungsorientierten besteht jedoch kein Zusammenhang zu Qualitätsbewußtsein und Sparsamkeit. Bemerkenswert ist für diese Gruppe, daß sie ständig unter Geldsorgen leidet (Tau C +.23 ss) und eher gebrauchte als neue bzw. neuwertige Güter kauft (Tau C +.19 s). Ihre generelle Leistungsbereitschaft ist eher niedrig (Tau C -.14 s), ihr Umweltbewußtsein jedoch überdurchschnittlich ausgeprägt (Tau C +.19 s).

Modell 10: Kausalmodell zur Erklärung der Niedrigpreisorientierung

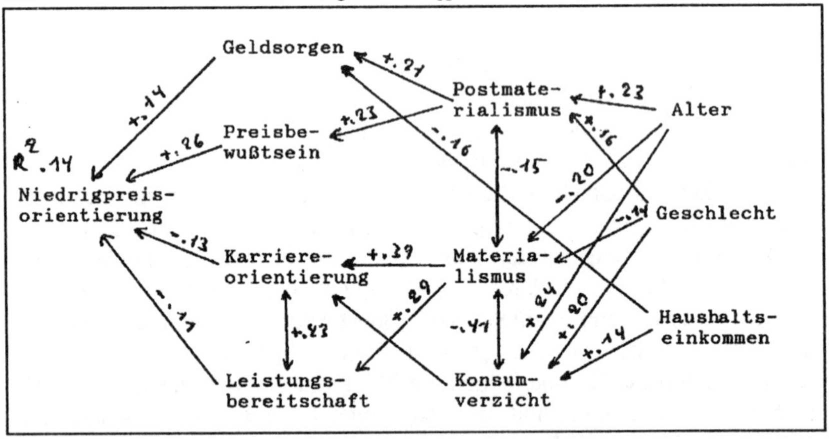

Was die persönlichen Werthaltungen angeht, ist ihr Profil demjenigen der Preis-Leistungsorientierten ähnlich, wenngleich in abgeschwächter Form. Im Vordergrund stehen auch hier die Werte Selbstverwirklichung (Tau C

+.14 s) und Freundschaft (Tau C +.12 ns); entsprechend niedrig ist dagegen eine Karriereorientierung (Tau C -.18 s). Hinsichtlich der gesellschaftlichen Werthaltungen finden wir eine starke Akzeptanz postmaterialistischer (Tau C +.26 ss) und eine Ablehnung materialistischer Werthaltungen (Tau C -.15 s).

Die Orientierung an niedrigen Preisen ist weitgend alters- und geschlechtsunabhängig; man findet sie jedoch stärker bei Auszubildenden und Berufstätigen als bei Schülern (Tau C +.17 s) sowie bei Jugendlichen aus Haushalten mit niedrigerem Einkommen (Tau C -.17 s).

Der Versuch, die aufgezeigten Zusammenhänge zusammenzufassen, führt zu dem folgenden Modell (vgl. Modell 10).

Wer vor allem auf niedrige Preise achtet, bekennt sich zu ständigen Geldsorgen und entwickelt dementsprechend offensichtlich auch ein erhöhtes Bewußtsein für niedrige Preise.

Diese Konsumeinstellungen gehen mit beruflichen Werthaltungen einher, die durch eine niedrige berufliche Karriereorientierung und eine geringe Leistungsbereitschaft beschrieben werden können.

Ständige Geldsorgen und ein erhöhtes Preisbewußtsein findet man vor allem bei stark postmaterialistisch orientierten jungen Leuten, die gleichzeitig in hohem Maße zu Konsumverzicht bereit sind. Ständige Geldsorgen finden sich aber auch bei Jugendlichen aus finanziell benachteiligten Familien. Auf der anderen Seite finden sich hohe Karriereorientierungen und Leistungsbereitschaften bei Jugendlichen, die eine stark materialistische Einstellung zum Ausdruck bringen und aus finanziell bessergestellten Familien stammen. Bleibt zu erwähnen, daß sich postmaterialistische Orientierungen eher bei den Mädchen finden, und daß sie mit zunehmendem Alter ebenfalls zunehmen, während materialistische Orientierungen eher bei den Jungen zu finden sind und mit zunehmendem Alter abnehmen. Tendenziell scheint es sich bei den Jugendlichen, die sich in ihrem Kaufverhalten vor allem an niedrigen Preisen orientieren, um eine Gruppe zu handeln, die man vorsichtig als "Aussteiger" aus der Leistungs- und Konsumgesellschaft bezeichnen kann.

5.5 Die Prestigeorientierung

Als Prestigeorientierung wird hier die Orientierung bezeichnet, die mit Hilfe des Kaufs von Gütern und Dienstleistungen Eindruck bei Freunden und Bekannten erzielen möchte. Wer sich vornehmlich am Prestigewert der Güter orientiert, sucht über den Gebrauchsnutzen hinaus einen Zusatznutzen. Dabei ist hier zunächst noch völlig offen, wie dieses Prestigemotiv inhaltlich zu interpretieren ist: beim sog. Snob-Effekt versucht der Käufer, sich durch den Kauf der Güter von anderen Personen seiner Bezugsgruppe abzusetzen; beim bandwagon-Effekt versucht er, den Kaufgewohnheiten normativer oder auch vergleichender Bezugspersonen bzw. Bezugsgruppen zu folgen, und beim sog. Veblen-Effekt werden vor allem die Dinge gekauft, die besonders teuer und exklusiv sind, um sich von seinen Mitmenschen abzusetzen. In allen Fällen aber wird versucht, das eigene Ansehen oder Prestige bei den Mitmenschen zu mehren mit der Konsequenz, zur sozialen Differenzierung beizutragen.

So gering das Prestigemotiv im Vergleich zu den vorhergenannnten Orientierungen von den Jugendlichen auch geschätzt wurde, so deutlich ist jedoch das mit dieser Orientierung verbundene Einstellungs- und Wertemuster.

Wer vornehmlich am Prestige der Güter orientiert ist, kauft vor allem Neues und Modisches (Tau C +.35 ss) und legt Wert auf bestimmte Marken und Firmen (Tau C +.30 ss). Auf der anderen Seite sind die Sparbereitschaft und die Bereitschaft zu Konsumverzicht sehr niedrig (Tau C -.32 ss bzw. -.25 ss); auch zu umweltfreundlichem Verhalten ist der Prestigegüterkonsument nicht zu bewegen (Tau C -.25).

Was die persönlichen Werthaltungen angeht, ist den prestigeorientierten Jugendlichen vor allem eine berufliche Karriere mit hohem Einkommen und Ansehen von Bedeutung (Tau C +.29 ss); darüberhinaus spielen hedonistische Wertvorstellungen für sie eine große Rolle (Tau C +.17 s). Selbstverwirklichungswerte sowie eine gute Freundschaft erscheinen demgegenüber eher unwichtig (Tau C -.11 ns bzw. -.24 ss).

Daß die Bewertung einer guten Freundschaft negativ mit der Suche nach Eindruck bei Freunden und Bekannten, also mit der Prestigeorientierung korreliert, ist bereits früher festgestellt worden: Die Prestigeorientierung ist letztlich eine egoistische Orientierung, die auf Aufwertung des eigenen Status und auf relative Abwertung des Status der anderen zielt. Sie schafft Distanz und Differenzierung und ist somit auch mit einer "guten Freundschaft" schwer zu vereinbaren.

Hinsichtlich der gesellschaftlichen Werthaltungen finden wir erwartungsgemäß eine Geringschätzung postmaterialistischer Werte (Tau C -.32 ss) und eine Hochschätzung materialistischer Werte (Tau C +.23 ss). Die Prestigeorientierung erscheint bei Jungen höher als bei Mächen (Tau C -.14 ns); sie nimmt mit steigendem Alter jedoch deutlich ab (Tau C -.30 ss). Erstaunlich ist jedoch, daß schwach positive, allerdings nicht signifikante Korrelationen zwischen der Prestigeorientierung der Jugendlichen und dem Bildungsniveau der Eltern existieren (Tau C +.12 ns (Bildungsniveau des Vaters) und Tau C +.15 s (Bildungsniveau der Mutter)). Möglicherweise stehen gerade Jugendliche aus Mittel- und Oberschichtfamilien in besonderem Maße unter dem Druck, das Ansehen ihrer Eltern im eigenen Status reproduzieren zu müssen oder zu wollen. Modell 11 faßt die hier gefundenen Zusammenhänge in Form einer Kausalanordnung noch einmal zusammen (vgl. Modell 11).

Die Pfadanalyse bestätigt zunächst einmal die Einflüsse der Konsumeinstellungen und der Werthaltungen auf die Prestigeorientierung: Wer Eindruck bei seinen Freunden und Bekannten machen möchte, der kauft überwiegend Neues und Modisches sowie Produkte bestimmter Firmen und bestimmter Marken; die Sparbereitschaft ist dementsprechend niedrig. Hinsichtlich der persönlichen Werthaltungen stehen Karrierewerte ganz oben, Freundschaft erscheint eher unwichtig. Mit zunehmendem Alter sinkt das Prestigemotiv bei den Jugendlichen jedoch deutlich ab. Insgesamt werden durch diese Variablen immerhin 35% der Varianz der Prestigeorientierung erklärt.

Modell 11: Kausalmodell zur Erklärung der Prestigeorientierung

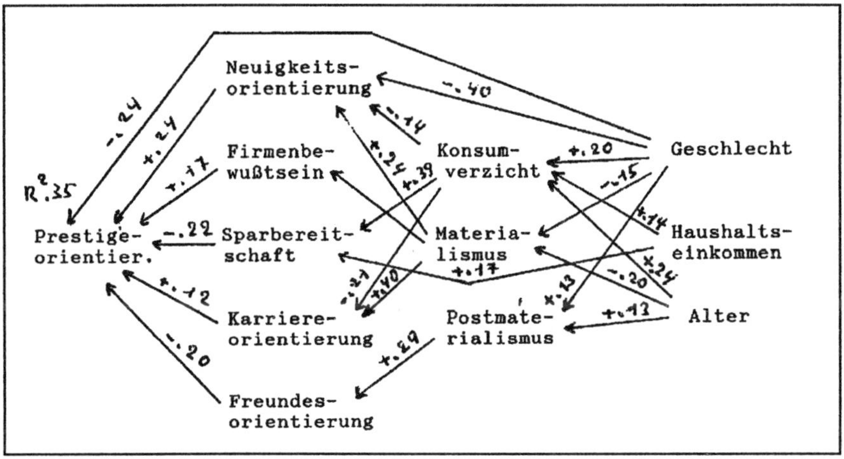

Der Orientierung an Neuem und Modischem sowie an Firmen und Marken, aber auch der Orientierung an Karrierewerten liegt vor allem eine stark materialistische Wertorientierung sowie eine damit zusammenhängende geringe Bereitschaft zum Konsumverzicht zugrunde. Deutlich ist auch, daß diese Orientierungen und Werthaltungen vor allem bei Jungen anzutreffen sind. Postmaterialistische Wertorientierungen führen auf der anderen Seite zu einer Hochschätzung auch der Freundschaftswerte; sie sind ihrerseits verstärkt bei den Mädchen und bei den Älteren anzutreffen.

Bleibt zum Schluß ein Effekt der Höhe des Haushaltseinkommens zu erwähnen: Mit zunehmender Höhe des Einkommens steigt die Bereitschaft zu Konsumverzicht ebenso wie die Sparbereitschaft.

Wie groß sind nun die einzelnen Gruppen der Jugendlichen, die sich primär an der Qualität, dem Preis-Leistungsverhältnis, den Niedrigpreisen oder dem Prestigewert der Güter orientieren? Eine grobe Antwort gibt hier eine Clusteranalyse mit der Vorgabe von vier Gruppen. Eine dominante Qualitätsorientierung findet sich dementsprechend bei 37% aller Jugendlichen, eine dominante Preis-Leistungsorientierung bei weiteren 38% der Jugendlichen. Genau drei Viertel aller Jugendlichen zeigen damit ein hohes kritisches Verbraucherbewußtsein, das sich vornehmlich an der Qualität der Güter sowie am Verhältnis der Preise zu den erbrachten Leistungen orientiert. Als an niedrigen Preisen und billigen Waren orientiert, können demgegenüber nur 10% der Jugendlichen gelten, die aufgrund ihrer Konsumeinstellungen und Werthaltungen tendenziell als Aussteiger aus der Konsumgesellschaft bezeichnet werden können. Die restlichen 15% der Jugendlichen legen vor allem Wert auf die Prestigeträchtigkeit und die soziale Differenzierungsfähigkeit der Güter; sie möchten mit dem Kauf und dem Konsum der Güter vor allem ihren eigenen Status heben.

VII. Freizeitverhalten

1. Freizeitinteressen und Freizeitverhalten

Für die Jugendlichen kann Freizeit als die Zeit bezeichnet werden, die ihnen jenseits von Schulzeit, Berufsausbildungszeit, Erwerbszeit und der Zeit der Einbindung in die hauswirtschaftliche Mithilfe zur Verfolgung vor allem ihrer eigenen Interessen zur Verfügung steht. Freizeitverhalten ist immer dann auch zugleich Konsumverhalten, wenn die Freizeit wesentlich durch den Kauf und Konsum von Gütern oder Dienstleistungen mitgestaltet wird. Das beginnt z.B. mit dem Einkauf von Schallplatten und endet mit ihrem wiederholten Abhören in der häuslichen Wohnung; ähnlich ist der Besuch von Filmtheatern oder Rockkonzerten konsumbezogenes Freizeitverhalten. Auf der anderen Seite erschöpft sich Freizeitverhalten aber nicht im Kauf und Konsum von Gütern oder Dienstleistungen: Wandern und Schwimmen, Tanzen und Meditieren, Spiel und Sport sind z.B. Freizeitverhaltensweisen, die weitgehend unabhängig vom Kauf oder der Nutzung von Gütern oder Dienstleistungen durchgeführt werden können; allerdings bleiben die Grenzen fließend.

Um die Freizeitinteressen und das Freizeitverhalten der Jugendlichen zu erfassen, haben wir ihnen insgesamt 15 verschiedene Freizeitverhaltensmöglichkeiten vorgegeben und sie gefragt, inwieweit sie sie praktizieren. Über eine Faktorenanalyse wurden sodann 6 unterschiedliche Freizeitverhaltenskomplexe ermittelt, die sich wie folgt interpretieren lassen:

- Faktor 1: "Außerhäusliche gesellige Aktivitäten"; auf diesem Faktor laden die folgenden Einzelverhaltensweisen: Ich gehe viel aus. Ich bin in meiner Freizeit am liebsten mit Freunden zusammen. Ich gehe gern in Diskotheken.
- Faktor 2: "Künstlerisch-kulturelle Aktivitäten" mit den Einzelverhaltensweisen: Ich betätige mich künstlerisch; z.B. musizieren, malen,

zeichnen. Ich gehe oft meinen kulturellen Interessen nach (Konzert, Oper, Theater, Museen, Ausstellungen).

- Faktor 3: "Faulenzen und Berieseln lassen" mit den Verhaltensweisen: Die meiste Zeit faulenze ich rum. Ich sehe relativ viel fern.
- Faktor 4: "Sportliche Aktivitäten" mit den Verhaltensweisen: Ich treibe regelmäßig Sport, Gymnastik, Fitnesstraining. Ich verbringe die meiste freie Zeit in Vereinen (z.B. Sportverein).
- Faktor 5: "Lesen"; hierzu zählen: Ich lese viel zur Weiterbildung, Wissenserweiterung. Ich lese viel zur Unterhaltung, Entspannung.
- Faktor 6: "Jobben" mit der abgefragten Verhaltensweise: In meiner Freizeit versuche ich, mein Taschengeld durch Arbeit aufzubessern. Daß bei diesem Faktor Freizeit zugleich Erwerbsarbeitszeit ist, bleibt bei der Interpretation zu berücksichtigen.

Die hier vorliegenden Faktoren sind insgesamt trennscharf hinsichtlich der genanten Tätigkeitsbereiche. Es darf jedoch nicht übersehen werden, daß die Vorgaben das Freizeitverhaltensspektrum nur selektiv erfassen, und daß ganze, auch wichtige Bereiche wie z.B. das Musikhören, der Besuch von Sportveranstaltungen, das Spazierengehen hier nicht direkt angesprochen worden sind. Die folgende Analyse kann daher nicht beanspruchen, das gesamte Freizeitverhaltensspektrum der Jugendlichen zu erfassen (zu weiteren Aktivitäten vgl. den Artikel von Lüdtke 1989, S. 635ff.), sondern nur die hier abgegrenzten Verhaltenskomplexe.

Fragt man mit diesen Einschränkungen zunächst nach der relativen Bedeutung der hier aufgezeigten Freizeitaktivitäten für die Jugendlichen insgesamt, dann ergibt sich, daß die Jugendlichen ihre Freizeit vor allem im Kontext altershomogener Gruppen, Freundeskreise und Cliquen vornehmlich außerhalb des elterlichen Hauses zu geselligen Aktivitäten, Unternehmungen und zur Unterhaltung verbringen. (x = 2,9 auf einer Viererskala). Dieser Befund entspricht zahlreichen anderen einschlägigen Untersuchungen (vgl. z.B. Swoboda 1987, S. 66). An der zweiten Stelle liegt nach unserer Untersuchung das Lesen in gemütlicher häuslicher Atmosphäre (x = 2,5 auf einer Viererskala). An der dritten Stelle folgt das Faulenzen, Ausruhen, Nichtstun bei gleichzeitiger Berieselung durch Musik oder durch das Fernsehen (x = 2,3). Kulturell-künstlerische Tätigkeiten folgen in geringem Abstand gleichauf mit den sportlichen Aktivitäten, die vornehmlich in Vereinen durchgeführt werden (je x = 2,2). Aber auch das Jobben zur Aufbesserung des Taschengeldes erscheint (mit x = 2,2) ähnlich bedeutsam. Nach Lüdtke, der nach einer Reanalyse der Daten von Swoboda (1987) zu einer ähnlichen Rangordnung der Freizeitaktivitäten kommt, dürften diese Freizeitaktivitäten ungefähr 75-90% der gesamten wöchentlichen durchschnittlichen freien Zeit eines Jugendlichen abdecken (Lüdtke 1989, S. 640).

2. Determinanten des Freizeitverhaltens

Um das Freizeitverhalten differenzierter zu beschreiben und ansatzweise zu erklären, wollen wir in einem ersten Schritt auf die Unterschiede eingehen, die sich aus dem Geschlecht, dem Alter, dem Status, der Höhe der eigenen Schulbildung und der Höhe der väterlichen Schulbildung als Indikator für die soziale Herkunft ergeben; ergänzend wird auf die soziale Einbindung in Freundeskreise und Vereine eingegangen. Im zweiten Schritt wollen wir untersuchen, ob und inwieweit die Freizeitaktivitäten mit typischen Einstellungen und Werthaltungen der Jugendlichen einhergehen. Tabelle 21 gibt einen Überblick über die Zusammenhänge zwischen den Freizeitverhaltensweisen und den sozialstrukturellen Merkmalen (vgl. Tabelle 21).

Tabelle 21: Freizeitverhalten der Jugendlichen nach Geschlecht Alter, Status, Schulart und Bildungsstand des Vaters

	Geschlecht Tau C	Alter Tau C	Status Tau C	Bildung Tau C	Bild. Vater Tau C
Außerhäusliche gesellige Aktivitäten	-	-.14s	-	-	-
künstlerisch-kulturelle Aktivitäten	+.12s	+.10s	-.17ss	+.28ss	+.17ss
Faulenzen und Berieseln lassen	-.15ss	-.10s	-	-.27ss	-
Sportliche Aktivitäten	-	-.13ss	-.22ss	+.19ss	+.13ss
Lesen	-	-	-.12s	+.26ss	+.14ss
Jobben	-		-.30ss	+.16ss	-

Anmerkung: Status mit den Ausprägungen Schüler, Auszubildender, Berufstätiger; Schulart mit den Ausprägungen Hauptschule, Realschule, Gymnasium; Geschlecht mit männlich und weiblich.

Wie zu erwarten ergeben sich erhebliche Differenzierungen im Freizeitverhalten, wenn man es nach Jungen und Mädchen, Alters- und Statusgruppen sowie nach dem eigenen und väterlichen Bildungsstand getrennt analysiert. So ergibt sich unter dem Aspekt des Geschlechts, daß künstlerisch-kulturelle Aktivitäten für die Mädchen von größerer Bedeutung in ihrer Freizeit sind als für die Jungen, die umgekehrt lieber faulenzen, sich ausruhen und durch die Medien Radio oder Fernsehen berieseln lassen. Hinsichtlich des Alters ist mit zunehmendem Alter ein Anstieg der künstlerisch-kulturellen Aktivitäten festzustellen, während die außerhäuslichen geselligen Freizeitunternehmungen, das Faulenzen, aber auch die Sportaktivitäten zurückgehen. Differenziert man unter Statusaspekten zwischen Schülern, Auszubildenden und Berufstätigen, dann zeigt sich, daß Schüler durchgehend mehr Zeit für künstlerisch-kulturelle und sportliche Aktivitäten aufwenden und gleichzeitig mehr lesen und jobben (können) als Auszubildende und Berufstätige. Vergleichen wir nur die Schüler hinsichtlich ihrer Schulbildung, dann ergibt sich mit zunehmender Höhe der Schulbildung von der Hauptschule über die Realschule bis zum Gymnasium eine Ausdehnung der künstlerisch- kulturellen Aktivitäten, der sportlichen Aktivitäten sowie des Lesens und Jobbens, während gleichzeitig das Faulenzen und das sich von audio-visuellen Medien Berieselnlassen deutlich zurückgehen.

Ähnlich wirkt, wie zu erwarten, der soziale Hintergrund: Mit zunehmender Höhe der Schichtzugehörigkeit, die ihrerseits natürlich das Schulbildungsniveau der Schüler maßgeblich beeinflußt, finden sich verstärkt künstlerisch-kulturelle und sportliche Freizeitaktivitäten und ein intensiveres Lesen der Jugendlichen. Ähnliche Ergebnisse über den Zusammenhang zwischen sozialstrukturellen Merkmalen und den Freizeitaktivitäten finden sich bei Swoboda (1987). Bleibt zu erwähnen, daß diejenigen, die vor allem außerhause Geselligkeit suchen, auch über einen größeren Freundes- und Bekanntenkreis verfügen (r = +.14s), aber seltener Mitglied in einem Verein sind (r = -. 11ns) als ihre Alterskameradinnen und -kameraden. Dagegen sind diejenigen, die viel Sport treiben, naturgemäß stark in Sportvereine eingebunden (r = +.35ss), nennen aber erheblich weniger an eigenen Einkünften (r = -.30ss) als die anderen, was nicht zuletzt darauf zurückzuführen ist, daß Sport vor allem von Schülern betrieben wird.

Fragen wir jetzt, ob und inwieweit die Ausübung der verschiedenen Freizeitaktivitäten mit typischen Einstellungen und Werthaltungen korreliert.

- Wer seine Freizeit vor allem in außerhäuslichen geselligen Veranstaltungen mit Gleichaltrigen verbringt, legt viel Wert auf das eigene Aussehen (r = +.19s) und das eigene Einkommen (r = +.15s.), für ihn sind Abenteuer (r = +.24ss), Genuß (r = +.23ss) und Sexualität (r = +.16s) von großer Bedeutung, wohingegen Bildung (r = -.18s) und die Bereitschaft, anderen Menschen zu helfen (r = -.17s) geringer geschätzt werden. Die ökologische Orientierung erscheint eher niedrig (r = -.18s). Insgesamt gesehen handelt es sich hier um eine Gruppe jüngerer Jugendlicher aus allen Schichten und beiderlei Geschlechts, die außenorientiert Abenteuer und Abwechselung in Geselligkeit suchen, deren soziale, politische und Umweltorientierungen unterdurchschnittlich ausgeprägt sind. Dieser Befund wird auch durch eine Regressionsanalyse bestätigt, bei der die folgenden Einflußfaktoren repräsentativ für andere durchschlagen: Hochschätzung von Abenteuer und Abwechselung (Beta: +.22ss), Wertschätzung des eigenen Aussehens (Beta: +.20ss), Größe des Bekanntenkreises als Indikator für Geselligkeit (Beta: +.15ss), Geringschätzung sozialer Orientierung ("anderen Menschen helfen") (Beta: -.22ss). Die vier Faktoren erklären insgesamt 17% der Varianz der abhängigen Freizeitvariablen.

- Wer in seiner Freizeit künstlerisch-kulturelle Aktivitäten zu einem Schwerpunkt macht, dem gelten Liebe (r = +.25ss) sowie Hilfsbereitschaft (r = +.19s) sehr viel. Darüberhinaus finden wir bei ihm hohe Ausprägungen der emanzipatorischen Werte wie Selbstverwirklichung (r = +.28ss), Selbständigkeit (r = +.20ss), Durchsetzung von Mitbestimmungsmöglichkeiten (r = +.23ss) und Kreativität (r = +.44ss). Es besteht ein starkes Engagement für den Umweltschutz (r = +.25ss), für ein gesundes Leben (r = +.25ss), für die Integration von Ausländern (r = +.28ss), für eine humane Arbeitswelt (r = +.24ss) sowie für die Gleichberechtigung der Frauen (r = +.20ss). Insgesamt besitzt diese von Mädchen und Gymnasiasten dominierte Gruppe aus der mittleren bis oberen Mittelschicht eine geringe materialistische (r = -.29ss), dagegen eine stark postmaterialistische Orientierung (r = +.28ss). Im Rahmen einer Regressionsanalyse erklären die für den sozialen und psychischen Kontext stehenden Variablen Geschlecht (Beta: +.13ss), Hochschätzung von Kreativität (Beta: +.37ss), Hochschätzung der Umwelt (Beta: +.13s) und Ablehnung traditioneller Pflichtwerte (z.B. Disziplin und Ordnung) (Beta: -.23ss) insgesamt 28% der Varianz der Variablen künstlerisch-kulturelle Freizeitbeschäftigung.
- Passive Freizeitgestaltung mit Faulenzen und Sich-Berieseln- lassen geht einher mit der Wertschätzung von Aussehen (r = +.21 ss) und Einkommen (r = +.15s), gleichzeitig ist jedoch die Bereitschaft, zu einer Berufstätigkeit zu kommen, mit der man sich identifizieren kann, äußerst gering (r = -.28ss). Emanzipatorische Werthaltungen wie Selbstverwirklichung (r = -.13s) und Eintreten für die Mitbestimmung (r = -.21ss) finden sich bei den Passiven demgegenüber nur unterdurchschnittlich ausgeprägt. Wer besonders die passive Freizeitgestaltung liebt und sich überwiegend nur berieseln lassen möchte, dem gilt auch die Umwelt (r = -.16s) und die Gesundheit (r = -.13s) wenig; auch für die Gleichberechtigung der Frauen (r = -.18s) oder die Integration von Ausländern (r = -.14s) hat er wenig über. Insgesamt gesehen handelt es sich hier um eine Gruppe insbesondere männlicher Jugendlicher mit relativ niedriger Schulbildung und wenig zufriedenstellenden beruflichen Möglichkeiten, deren Grundeinstellung als konservativ-materialistisch mit resignativen Elementen bezeichnet werden kann. Eine Regressionsanalyse zur Erklärung dieses Freizeitverhaltens, die hier nur für Schüler durchgeführt wurde, verweist auf die Faktoren Geschlecht (Beta: -.24ss), Höhe der Schulbildung (Beta: -.18s), geringe berufliche Identifizierung (Beta: -.23ss) und Hochschätzung äußerer Werte (z.B. Aussehen) (Beta: +.20ss)

und erklärt insgesamt 22% der Varianz der abhängigen Freizeitvariablen "Faulenzen".

- Die sportlich Aktiven zeigen demgegenüber ein völlig anderes Persönlichkeitsprofil: Ihnen gelten vor allem die berufsbezogenen Werthaltungen wie ein interessanter Beruf (r = +.18s) und berufliche Aufstiegsmöglichkeiten (r = +.21ss) sehr viel. Dementsprechend stark befürworten sie die traditionellen Pflichtwerte wie gute Manieren und Höflichkeit (r = +.16s), Disziplin und Ordnung (r = +.14s), Pflichterfüllung (r = +.17s), Fleiß (r = +.18s), Pünktlichkeit (r = +.16s) und Anpassungsbereitschaft (r = +.19s). In dieses Bild paßt dann auch, daß sie sich gegen eine Verkürzung der Lebensarbeitszeit aussprechen (r = -.21ss) und das Leistungsdenken verstärkt sehen möchten (r = +.15s). Insgesamt gesehen handelt es sich hier um eine leistungs- und aufstiegsorientierte Gruppe vor allem von vereinsorganisatorisch eingebundenen Gymnasiasten und Studenten, die die klassischen Pflicht- und Akzeptanzwerte befürworten, den Selbstverwirklichungswerten jedoch eher neutral gegenüberstehen. Eine Regressionsanalyse mit den Indikatorvariablen für hohe Schulbildung (Beta: +.22ss), Vereinsmitgliedschaft (Beta: +.30 ss), Aufstiegsorientierung (Beta: +.20ss) und Leistungsorientierung (Beta: +.19ss) erklärt insgesamt 25% der Freizeitvariablen "Sportliche Aktivität".
- Wer in seiner Freizeit viel liest, hat erwartungsgemäß ein ähnliches Einstellungs- und Werteprofil wie derjenige, der sich vor allem künstlerisch-kulturell betätigt: Liebe (r = +. 18s) und Hilfsbereitschaft (r = +.16s) werden ebenso betont wie die Werte Emanzipation (r = +.25ss), Mitbestimmungsmöglichkeiten (r = +.33ss), Kreativität (r = +.29ss) und Bildung (r = +.33ss). Befürwortet werden Maßnahmen zur Humanisierung des Arbeitslebens wie Gleit-, Teilzeitarbeit und Jobsharing (r = +.29ss), Maßnahmen zum Schutz der Umwelt wie die Förderung umweltfreundlicher Produkte und Verpackungen (r = +.18s) oder die Verringerung der Lärmbelästigung (r = +.20ss), Maßnahmen zur Verbesserung der Gesundheit (r = +.18s), zur Integration der Ausländer (r = +.25ss) und zur Gleichberechtigung der Frauen (r = +.18s). Demensprechend niedrig ist insgesamt gesehen auch die materialistische Orientierung (r = -.20s), während die postmaterialistische Orientierung sehr hoch ist (r = +.35ss). Wie bereits erwähnt, zählen zu dieser Gruppe vor allem Schüler mit hoher Schulbildung aus der mittleren bis oberen Mittelschicht mit einer kritisch- emanzipatorischen Grundeinstellung .

3. Audiovisuelle Präferenzen

Es ist wiederholt betont worden, daß vor allem für die jüngeren Jugendlichen die Musik eine besondere Rolle spielt. So ist nach der Studie von Swoboda (1987, S. 65), Musik von Cassetten oder Platten zu hören, die häufigste Freizeitbeschäftigung der jüngeren Jugendlichen, entweder allein oder mit Freunden und Freundinnen. Etwa 80% aller Schallplatten werden von Jugendlichen unter 21 Jahren gekauft (Vaskovics/Schneider 1989, S. 411). Vor diesem Hintergrund interessiert uns hier die Frage, welche Musik die Jugendlichen über Schallplatten und Cassetten hören, welche musikalischen Konzerte sie besuchen, und in welchem Umfang sie welche Videos ansehen. Einen ersten Einblick in den Umfang der Schallplattenkäufe, Konzertbesuche und der Ausleihe von Videos gibt Tabelle 22 (vgl. Tabelle 22).

Sofern die Jugendlichen Schallplatten kaufen, steht die Rockmusik an der ersten Stelle, dicht gefolgt von Popmusik; an der dritten Stelle findet sich Diskomusik. Soul- und Independentmusikplatten oder -cassetten werden bereits in erheblich geringerem Umfang gekauft. Danach folgen Aufnahmen klassischer Musik; am Ende erscheint hier die Jazzmusik. Eine Zusatzauswertung zeigt darüberhinaus, daß nur 8% aller Jugendlichen so gut wie gar keine Schallplatten kaufen.

Tabelle 22: Umfang des Schallplattenkaufs, der Konzertbesuche und der Videoausleihe

	so gut wie gar nicht %	hin und wieder %	häufig %
Schallplattenkauf:			
Rockmusik	36	45	19
Popmusik	39	37	23
Klass. Musik	71	22	6
Diskomusik	53	29	19
Soul-Musik	65	27	7
Jazz-Musik	79	18	4
Independent	67	19	14
Konzertbesuche:			
Rockkonzerte	60	32	7
Popkonzerte	65	30	5
Klass. Konzerte	82	14	4
Diskokonzerte	89	7	4
Soulkonzerte	89	10	1
Jazzkonzerte	85	11	4
Independent	72	19	9
Videoausleihe:	61	30	9
darunter: Action-Filme (63%), Science-Fiction-Filme (53%), Komödien (50%), Horror-Filme (39%), Musikvideos (39%), Erzählfilme (23%) und Pornofilme (9%).			

Betrachten wir die Konzertbesuche, dann zeigt sich an der Spitze die gleiche Reihenfolge: Rockkonzerte stehen, gefolgt von Popkonzerten, an der Spitze der Beliebtheit. Diskokonzerte werden offensichtlich außerhalb von Diskotheken kaum veranstaltet, ihr Besuch fällt dementsprechend zurück. Es folgt der Besuch von Independent-Konzerten vor klassischen Konzerten sowie Jazz- und Soulkonzerten. Wie zu erwarten tritt der Konzertbesuch, nicht zuletzt aufgrund der relativ hohen Eintrittspreise, erheblich hinter dem Kauf von Schallplatten zurück: Eine Zusatzauswertung ergibt, daß etwa 30% der Jugendlichen so gut wie gar keine Konzerte besuchen.

Was die Ausleihe von Videos angeht, holen sich fast 40% der Jugendlichen zumindest hin und wieder einen Videofilm. An der Spitze der Beliebtheit stehen eindeutig Action-Filme vor Science-Fiction-Filmen und Komödien, gefolgt von Horrorfilmen und Musikvideos. Erzählfilme werden zu 23%, Pornofilme nur zu 9% genannt.

Bleibt an dieser Stelle die Frage, ob es bezüglich des Musikkonsums typische Käuferschichten und typische Zusammenhänge zu dem im vorhergehenden Abschnitt analysierten Freizeitverhalten gibt.

Betrachten wir zusammenfassend den Konsum von Rockmusik, wie er sich über den Kauf von Schallplatten und Cassetten sowie den Besuch von Rockkonzerten darstellt. Rockmusik wird offenbar vor allem von Jungen präferiert (r = -.23ss), die von Seiten ihrer Eltern auch über das nötige Geld zum Kauf von Schallplatten (r = +.22s) oder zum Besuch von Konzerten (r = +.20s) verfügen. Ansonsten erscheint der Konsum von Rockmusik unabhängig vom Alter, vom eigenen Einkommen, vom eigenen Bildungsstand, besonderen Einstellungen oder auch von den früher aufgezeigten typischen Freizeitverhaltensweisen. Rockmusik scheint damit die Jugendlichen insgesamt (bei leichter Dominanz der Jungen), unabhängig von ihrem sozialen und psychischen Hintergrund zu faszinieren.

Ganz anders stellt sich dagegen der Konsum von Popmusik und von Diskomusik, die zum Teil identisch sind, dar: hier gibt es ganz spezifische, deutlich identifizierbare Käuferschichten bzw. Konzertbesucher. Der Konsum von Pop- und Diskomusik findet sich vor allem bei den jüngeren Jugendlichen (r = -.19s (Kauf von Popplatten) bzw. r = -.22ss (Kauf von Diskoschallplatten)) mit relativ niedriger Schulbildung (r = -.33ss Kauf von Diskomusik)und mit stark materialistischer Orientierung (r= +.31ss (Kauf von Popplatten) bzw. r = +.39ss (Kauf von Diskoplatten)). Diese Musikrichtungen werden vor allem von denjenigen präferiert, die in ihrer Freizeit entweder zu Hause faulenzen und sich berieseln lassen wollen (r = +. 12s (bei Popmusik) bzw. r = +.15s (bei Diskomusik)) oder aber außerhäuslich nach Geselligkeit in Diskotheken und anderen einschlägigen Lokalen suchen (r = +.12 (bei Popmusik) bzw. r = +.25ss (bei Diskomusik)). Diese

Musikrichtungen werden dagegen abgelehnt von denjenigen, die sich in ihrer Freizeit selber aktiv künstlerisch-kulturell betätigen (r = -.26ss (bei Popmusik) bzw. r = -.35ss (bei Diskomusik)) oder aber vorzugsweise lesen (r = -.07 bei Popmusik) bzw. -.21ss (bei Diskomusik)). Wie die Zahlen belegen, gehen die Meinungen und Präferenzen bei der Diskomusik noch weiter auseinander als bei der Popmusik.

Was den Kauf von Soulmusik oder den Besuch von Soulkonzerten angeht, zeigen sich keinerlei signifikante Zusammenhänge zu den uns interessierenden sozialpsychologischen Merkmalen: Soulmusik wird offensichtlich von allen Jugendlichen gleich welcher sozialen Herkunft, welchen Alters oder Geschlechts oder welcher Freizeitpräferenzen nur in mittlerem Umfang, verglichen mit den übrigen hier abgefragten Musikrichtungen, geschätzt: Etwa ein Drittel aller Jugendlichen kauft wenigstens hin und wieder mal eine entsprechende Platte oder Cassette.

Das Hören von Jazzmusik und von Independentmusik ist erneut nicht jedermanns bzw. jederfraus Sache; es ergeben sich wiederum klare Kauf- und Konsummuster, die für beide Musikarten in die gleichen Richtungen gehen: Der Konsum von Jazz und Independent steigt zunächst mit dem Alter leicht an (r = +.13 für Independentmusikkauf). Er ist zum zweiten deutlich schichtabhängig: Jugendliche aus höheren Einkommensschichten präferieren diese Musikrichtungen in größerem Umfang als Jugendliche aus unteren oder mittleren Schichten (r = +.19s für Jazzmusikkauf und +.34ss für Jazzkonzertbesuch bzw. +.12 für Independentmusikkauf). Da hier kein Zusammenhang mit dem eigenen Bildungsstatus existiert, ist offensichtlich ein deutlicher Einfluß der Eltern auf den Konsum dieser Musikrichtungen gegeben. Wer diese Musik kauft und konsumiert, weist in geringem Umfang materialistische (z.B. r = -.31ss für den Kauf von Independentmusik), dagegen in hohem Umfang postmaterialistische Einstellungen und Werthaltungen auf (z.B. r = +.16s für den Kauf von Independentmusik). Jazzmusik vor allem wird von denjenigen bevorzugt, die in ihrer Freizeit selbst künstlerisch-kulturell tätig sind und viel lesen.

Bleibt die Klassik. Der Kauf und das Genießen von Schallplatten oder Cassetten klassischer Musik sowie vor allem der Besuch von Konzerten klassischer Musik steigt zunächst mit dem Alter an (r = +.19s für den Konzertbesuch); er ist darüberhinaus abhängig vom eigenen Bildungsniveau und von der sozialen Herkunft: Mit zunehmender Höhe der Schulbildung und zunehmender Höhe der Herkunftsschicht steigt das Interesse an klassischer Musik, wie zu erwarten, an (r = +.15 für den Zusammenhang zwischen Konzertbesuch und Bildungsniveau und +.21s für den Zusammenhang zwischen Plattenkauf und Schichtzugehörigkeit). Hinsichtlich der Einstellungen steigt der Konsum klassischer Musik erwartungsgemäß mit postmaterialistischen Orientierungen (r = +.19s für Kauf klassicher Musik) und sinkt mit materialistischen Einstellungen (r = -.15s für Konzertbesuch). Hinsichtlich des Freizeitverhaltens wird klassische Musik vor allem von denjenigen gehört, die in ihrer Freizeit künstlerisch-kulturellen Interessen nachgehen (r = +.40ss für den Kauf klassischer Platten bzw. +.47ss für den Konzertbesuch) oder lesen (r = +.23ss für den Kauf bzw. +.17s für den Konzertbesuch). Negative Zusammenhänge finden sich dementsprechend zur Suche nach Geselligkeit (r = -.15s jeweils für Kauf und Konzertbesuch) und zum Faulenzen (r = -.17s für Kauf und -.16s für Konzertbesuch).

Knapp 40% der Jugendlichen leihen wenigstens hin und wieder auch Videofilme aus, um sie sich zuhause anzusehen. Wovon hängen nun Umfang und Art des Videokonsums dieser Jugendlichen ab? Der Umfang des Videokonsums ist zunächst vor allem geschlechts- und bildungsniveauabhängig: Jungen leihen häufiger Videos aus als Mädchen (r = -.12); Jugendliche mit niedrigem Bildungsniveau, speziell mit Hauptschulabschluß, leihen häufiger Videos aus als Jugendliche mit höherem schulischen Bildungsniveau (r = -.23s). Im übrigen finden wir deutlich Zusammenhänge mit der Art der Freizeitbeschäftigung: so finden wir einen häufigen Videoausleih vor allen Dingen bei den Jugendlichen, die in der Freizeit faulenzen und sich zuhause berieseln lassen (r = +.24ss), sowie bei denjenigen, die auf Geselligkeit und Abenteuer aus sind (r = +.22ss). Wer dagegen in seiner Freizeit künstlerisch-kulturellen Interessen nachgeht oder liest, leiht in erheblich geringerem Umfang Videos aus (r = -.25ss bzw. -.12). Daneben findet sich ein häufiger Videoausleih besonders bei den stark materialistisch orientierten (r = +.34ss), nicht aber bei den postmaterialistisch denkenden Jugendlichen (r = -.15s). Das Alter und die Höhe der Einkünfte spielen in diesem Zusammenhang überraschenderweise keine Rolle.

Fragt man jetzt danach, wer im einzelnen welche Videos ausleiht, dann zeigen sich die folgenden Regelmäßigkeiten: Jungen präferieren vor allem Action- (r = -.31ss), Horror- (r = -.29ss), Science-Fiction- (r = +.22s) und Pornovideos (r = -.25s); Mädchen ziehen dagegen Erzählfilme vor (r = +.19s). Komödien werden von beiden Geschlechtern gleichermaßen ausgeliehen; bei den Musikvideos ist erneut eine schwache Tendenz zugunsten der Jungen erkennbar. Der Konsum von Action-, Horror-, Musik- und Pornovideos findet sich darüberhinaus bei Jugendlichen mit niedriger Schulbildung (r = -.22; -.47ss; -.27; -.24), während Erzählfilme mit steigendem Bildungsniveau häufiger konsumiert werden (r = +.25). Sieht man davon ab, daß Komödien mit zunehmendem Alter verstärkt ausgeliehen werden (r = +.32ss), ist ein Alterseffekt bezüglich des Konsums der verschiedenen Videoarten nicht erkennbar.

Deutlich sind auch hier wieder die Zusammenhänge zwischen der Art des Videokonsums und den Freizeitaktivitäten: Action- und Horrorvideos werden vor allem von Jugendlichen ausgeliehen und angesehen, die sich in ihrer Freizeit entweder zuhause berieseln lassen wollen (r = +.13 bzw. +.16s) oder die außerhäuslich nach Abwechselung und Abenteuer suchen (r = +.18s bzw. +.23s); Jugendliche mit künstlerisch-kulturellen Vorlieben konsumieren diese Arten von Videos in erheblich geringerem Umfang (r = -.31ss bzw. -.18s), was nicht zuletzt darauf zurückzuführen ist, daß wir bei diesen Freizeitaktivitäten besonders viel Mädchen finden. Diese Gruppe der weiblichen künstlerisch-kulturell aktiven Jugendlichen zieht bei der Ausleihe Erzählvideos vor (r = +.13). Action-, Horror- und Science-Fiction Videos finden sich weiterhin vor allem bei den Jugendlichen mit einer stark materialistischen Grundorientierung (r = +.26s bzw. +.11 und +.20s), während die postmaterialistisch orientierten Jugendlichen diese Videoarten einschließlich der Pornos deutlich ablehnen (r = -.12, -.15 und -.30ss (für die Pornos)).

Insgesamt haben wir damit deutliche Zusammenhänge zwischen der Art des Videokonsums und ausgewählten sozialen und persönlichen Merkmalen der Jugendlichen: Die relativ "harten" Videos wie Action-, Horror- und Pornovideos werden vor allem von Jungen mit geringer Schulbildung aus allen sozialen Schichten mit einer stark materialistischen Grundeinstellung konsumiert, die in ihrer Freizeit entweder nach außerhäußlichen geselligen Aktivitäten und Abenteuern streben oder aber zuhause faulenzen und sich berieseln lassen. Auf der anderen Seite finden wir Jugendliche mit relativ hohem Bildungsniveau und vor allem Mädchen mit einer stark postmaterialistische Grundeinstellung, die in ihrer Freizeit entweder aktiv künstlerisch-kulturellen Interessen nachgehen oder lesen: ihr Konsum "harter" Videos ist unterdurchschnittlich; statt dessen ziehen sie eher "weiche" Videos wie Erzählfilme oder Komödien vor.

4. Lektüre von Zeitungen und Zeitschriften

Zum Freizeitverhalten der Jugendlichen gehört auch die Lektüre von Zeitungen und Zeitschriften. Hinsichtlich der Zeitungen haben wir nur nach dem Umfang der Lektüre regionaler und überregionaler Zeitungen gefragt. Einen ersten Überblick über den Umfang der Lektüre dieser Zeitungen und deren Bedingungsfaktoren gibt Tabelle 23 (vgl. Tabelle 23).

Es ist schon erstaunlich, daß 16% der Jugendlichen nach ihren eigenen Angaben nie eine regionale bzw. lokale Tageszeitung lesen, und nur 46% sprechen von einer regelmäßigen Lektüre. Da man hinsichtlich der lokalen

Zeitungen davon ausgehen kann, daß sie in praktisch jedem Haushalt zur Verfügung stehen, zeugt dieses Ergebnis doch von einigem Desinteresse an den Ereignissen, die in der Welt geschehen. Überregionale Zeitungen werden in der Regel zusätzlich zu den lokalen Zeitungen gekauft bzw. abboniert; wo sie zur Verfügung stehen, und das dürfte für etwa die Hälfte aller Haushalte gelten, werden sie offensichtlich auch von den Jugendlichen mehr oder weniger regelmäßig gelesen.

Tabelle 23: Umfang der Lektüre regionaler und überregionaler Tageszeitungen und ihre Bedingungen

	regionale Tageszeitungen			überregionale Tageszeitungen		
Lektüre	nie %	selten %	häufig %	nie %	selten %	häufig %
	16	38	46	50	38	12
Bedingungen (jeweils Tau C)						
Geschlecht		-			-	
Alter		+.28ss			+.16s	
Schulbildung		+.16s			+.29ss	
Bildung Vater		-			+.17s	
Haushaltseinkommen		-			-	
eigenes Einkommen		+.11			+.14s	
materialistische Orientierung		-.11			-.20ss	
postmaterialistische Orientierung		+.17s			+.15s	
Pflichtorientierung		-			-.13	
Karriereorientierung		-.11			-	
Selbstverwirklichungs-Orientierung		+.15s			+.21ss	
emanzipatorische Orientierung		+.11			+.22ss	
künstlerisch-kulturelle Freizeitaktivität		+.13			+.19ss	
Faulenzen in Freizeit		-.11			-.14s	
Lesen in Freizeit		+.26ss			+.29ss	
Sport in Freizeit		-			-	

Anmerkungen: Geschlecht hat die Ausprägungen 1=m, 2=w. Alle anderen Bedingungsvariablen haben die Ausprägungen sinngemäß von niedrig bis hoch; dementsprechend sind die Vorzeichen der Koeffizienten auch zu interpretieren.

Die Lektüre regionaler und überregionaler Zeitungen wird von den gleichen Bedingungen beeinflußt. Das Ausmaß der Zeitungslektüre steigt, wie zu erwarten, mit zunehmendem Alter und mit zunehmender Höhe der eigenen Schulbildung an; das steigende Einkommen ist hier nur ein Korrelat des steigenden Alters. Überregionale Zeitungen stehen darüberhinaus in Elternhäusern häufiger zur Verfügung, in denen die Eltern über ein höheres Maß an Schulbildung verfügen. Hinsichtlich der Orientierungen und Einstellungen der Jugendlichen steigt die Zeitungslektüre mit einer zunehmenden Orientierung an postmaterialistischen Werten sowie an den Werten Selbstverwirklichung und Emanzipation, während materialistische Orientierungen, reine Karriereorientierungen und eine Orientierung an den Pflichtwerten negativ mit der Zeitungslektüre korrelieren. Eine regelmäßige Zeitungslektüre findet sich unter Freizeitaspekten verstärkt bei denjenigen, die ihre Freizeit mit künstlerisch-kulturellen Aktivitäten oder mit Lesen erfüllen. Die hier vorliegenden Ergebnisse passen in das bisher schon ansatzweise vorhandene Bild von jugendlichen Milieus: Regelmäßige Lektüre, auch von überregionalen Zeitungen, finden wir besonders bei Jugendlichen mit einer hohen Schulbildung aus den Schichten des Bildungsbürgertums, die eine kritisch-emanzipatorische, postmaterialistische Orientierung besitzen und in ihrer Freizeit auch künstlerisch-kulturellen Interessen nachgehen. Auf der anderen Seite finden wir Jugendliche aus unteren sozialen Bildungsschichten mit einer relativ niedrigen Schulbildung und verstärkt materialistischer Orientierung, denen in ihrer Freizeit das Nichtstun wichtiger ist, und die nur höchst unregelmäßig zur Tageszeitung greifen, um sich über das Geschehen in der Welt zu informieren.

Prüfen wir jetzt, in welchem Umfang die Jugendlichen welche Zeitschriften lesen. Zu diesem Zweck haben wir insgesamt 22 verschiedene Zeitschriften vorgegeben und nach der Bekanntheit und Regelmäßigkeit der Lektüre gefragt. Tabelle 24 gibt die Zeitschriften in der Rangfolge an, in der sie bekannt sind und regelmäßig gelesen werden (vgl. Tabelle 24).

Der Stern und der Spiegel sind die mit Abstand bekanntesten Zeitschriften; sie werden von den Jugendlichen auch am regelmäßigsten gelesen. Gleichwohl erstaunt es, daß immerhin 10% den Stern nicht einmal kennen. Die übrigen Zeitschriften sind sogar bei einem Viertel (ADAC) bis drei Vierteln (Esquire) der Jugendlichen nicht einmal bekannt. Nach Stern und Spiegel folgen die ADAC-Verbandszeitschrift und Bravo als reine Jugendzeitschrift auf den Plätzen 3 und 4. Am Ende der Bekanntheit und der Lektüre liegen die Scenezeitschrift SPEX, die Jugendzeitschrift Rocky sowie Esquire; die übrigen Zeitschriften liegen, wie in der Tabelle nachzulesen, in der Mitte. Interessant ist vielleicht in diesem Zusammenhang noch, daß die Zeitschriften Brigitte, Bunte und Quick zwar einen relativ hohen Bekanntheitsgrad besitzen, aber kaum regelmäßig gelesen werden. Umgekehrt ist zwar SPEX kaum bekannt, wird aber dort, wo sie bekannt ist, regelmäßig gelesen.

Tabelle 24: Umfang der Zeitschriftenlektüre der Jugendlichen

Zeitschriften	unbekannt	eher selten	Lektüreumfang hin und wieder	regelmäßig	x
	%	%	%	%	
Stern	10	46	38	7	2,4
Spiegel	14	46	29	11	2,4
ADAC	23	53	18	6	2,1
Bravo	28	54	12	5	2,0
Auto, Motor, Sport	45	42	10	4	1,9
Brigitte	31	52	15	2	1,8
Tempo	45	35	16	4	1,8
Neue Revue	36	52	9	2	1,8
Wiener	46	33	17	4	1,8
Freundin	42	43	13	2	1,8
Bunte	33	60	7	1	1,8
Motorrad	45	42	10	4	1,7
Quick	35	60	5	1	1,7
Kicker	49	39	10	2	1,7
Tina	47	46	5	2	1,6
Carina	53	38	7	2	1,6
Cosmopolitan	60	30	8	2	1,5
Petra	56	39	5	1	1,5
Nicole	60	35	5	-	1,5
SPEX	71	19	5	5	1,4
Rocky	64	32	4	1	1,4
Esquire	74	21	2	2	1,3

Im folgenden interessiert uns erneut, welche Jugendliche welche Zeitschriften verstärkt lesen (vgl. Tabelle 25).

Die Lektüre der Zeitschriften ist vor allem geschlechts- und bildungsabhängig, wobei der Bildungseffekt mit dem Alterseffekt konfundiert ist. Ein großer Teil der Zeitschriften besteht, wie auch die Namen schon verraten, aus typischen Frauenzeitschriften, die auch überwiegend nur von Frauen gelesen werden; hierzu zählen: Brigitte, Freundin, Tina, Carina, Petra und Nicole sowie Cosmopolitan.

Dagegen sind hier keine typischen Männerzeitschriften, die sich aufgrund ihres Themenangebots überwiegend an Männer wenden, abgefragt. Es gibt aber starke selektive Tendenzen der Männer zu den Zeitschriften, die sich mit Auto, Motor(-rad) und Sport beschäftigen wie die ADAC-Verbandszeitschrift, Auto, Motor und Sport, Motorrad und der Kicker.

Eine dritte Gruppe von Zeitschriften wird von beiden Geschlechtern gleichermaßen gelesen, wie der Stern, der Spiegel, Tempo, Neue Revue,

Wiener, Bunte, Quick, Spex, Esquire und die Jugendzeitschriften Rocky und Bravo.

Was den Bildungseffekt angeht, der, mit dem Alterseffekt konfundiert, stets höher als der Alterseffekt ist, gilt das folgende: Mit zunehmender Höhe der Schulbildung werden verstärkt der Spiegel, Tempo, Wiener, Carina, Cosmopolitan und Nicole gelesen; auf der anderen Seite werden Bravo, Neue Revue, Tina und Rocky vor allem von Jugendlichen mit relativ niedrigem Bildungsniveau konsumiert.

Tabelle 25: Umfang der Zeitschriftenlektüre nach sozialstrukturellen Bedingungen

Zeitschriften	Geschlecht Tau C	Alter Tau C	Schulbildung Tau C	Bildung/ Vater Tau C	Haushalts-einkommen Tau C
Stern	-	-	-	-	+.16
Spiegel	-	+.22	+.37ss	-	-
ADAC	-.39ss	-	-	-	-
Bravo	-	-.39ss	-.43ss	-	-
Auto, Motor, Sport	-.43ss	-	-	+.12	
Brigitte	+.41ss	+.17	-	-	+.10
Tempo	-	+.20ss	+.18	+.13	-
Neue Revue	-	-.12	-.18	-	-
Wiener	-	+.12	+.24s	+.15	-
Freundin	+.40ss	-	-	-	+.11
Bunte	-	-	-	-	+.11
Motorrad	-.30ss	-	-	-	+.10
Quick	-	-.11	-	-	-
Kicker	-.37ss	-.17	-	-.10	-
Tina	+.30ss	-	-.17	-	-
Carina	+.38ss	-	+.19	-	+.12
Cosmopolitan	+.18	+.26ss	+.22	+.13	-
Petra	+.32ss	-	-	-	-
Nicole	+.24s	+.13	+.16	-	-
SPEX	-	-	-	-	-
Rocky	-	-.17	-.24s	-	-
Esquire	-	-	-	+.15	-

Erheblich schwächere und nicht-signifikante Zusammenhänge finden sich noch mit den Schichtungsmerkmalen Schulbildung des Vaters und Haushaltseinkommen. Da der Bildungsstand des Vaters durchweg mit dem Bildungsniveau der Jugendlichen korreliert, ist ein direkter Effekt der bildungsbürgerlichen Herkunft auf das Bildungsniveau der Jugendlichen und damit auch auf die Auswahl der von ihnen gelesenen Zeitschriften anzunehmen. Die durchweg positiven Korrelationen zwischen dem Haushalteinkommen der Eltern und dem Umfang der Zeitschriftenlektüre der Jugendlichen können dagegen nur so interpretiert werden, daß mit höherem

Einkommen auch mehr Zeitschriften angeschafft werden, die dann auch relativ unabhängig vom Geschlecht oder vom Bildungsniveau mitgelesen werden.

Die folgende Analyse der Zeitschriftenlektüre nach Einstellungen, Werthaltungen und Freizeitverhaltensweisen werden wir nur für ausgewählte Zeitschriften durchführen, nämlich für die vier am meisten gelesenen Zeitschriften Stern, zugleich als klassische Illustrierte, Spiegel als Nachrichtenmagazin, ADAC als überwiegend von Männern gelesene Autozeitschrift und Bravo als weit verbreitete Jugendzeitschrift; hinzu kommen Brigitte als meistgelesene Frauenzeitschrift, Neue Revue als Boulevardzeitschrift und SPEX als Scenezeitschrift (vgl. Tabelle 26). Dabei sind Generalisierungen der Ergebnisse auf die jeweils anderen Frauenzeitschriften, Motor- und Sportzeitschriften oder auf die Boulevardzeitschriften durchaus erlaubt.

Tabelle 26: Umfang der Zeitschriftenlektüre nach Einstellungen, Werthaltungen und Freizeitaktivitäten

Einstellungen/ Werthaltungen/ Freizeitverhalten	Stern	Spiegel	ADAC	Bravo	Brigitte	Neue Revue	Spex
	Tau C	Tau C	Tau C	Tau C	Tau C	je Tau C	
materialistische Orientierung	-.10	-.33	+.23	+.20	-	+.12	-.25
postmaterialistische Orientierung	+.12	+.25	-	-.17	-	-.12	-
Pflichtorientierung	-.10	-.21	-	+.12	-	+.11	-.26
Karriereorientierung	-	-.17	+.18	+.13	-	-	-.20
Selbstverwirklichungsorientierung	+.10	+.24	-	-.13	-	-	+.10
emanzipatorische Orientierung	+.10	+.26	-	-.12	-	-	+.15
Liebesorientierung	-	-	-	-	+.14	-	-
Ausgehen	-	-	-	+.19	-	+.11	-
künstlerisch-kulturelle Freizeitaktivitäten	+.14	+.26	-.12	-.14	-	-.16	+.12
Faulenzen	-	-.18	-	+.18	-	-	-
Lesen	+.15	+.26	-	-.10	-	-	-
Sport	-	-	-	-	-	-	-.14

Anmerkungen: Koeffizienten .10 und größer sind auf dem 95%-Niveau, Koeffizienten größer als .13 auf dem 99%-Niveau signifikant.

Das deutlichste Persönlichkeitsprofil weisen diejenigen Jugendlichen auf, die regelmäßig den Spiegel lesen. Spiegelleser zeichnen sich danach durch eine niedrige materialistische und eine hohe postmaterialistische Orientierung aus. Für sie sind Werte wie Selbstverwirklichung und Emanzipation von großer Bedeutung; auf der anderen Seite lehnen sie die traditionellen Pflichtwerte ebenso ab wie eine ausschließlich berufliche Karriere. In ihrer Freizeit sind Spiegelleser verstärkt an künstlerisch-kulturellen Betätigungen interessiert; außerdem lesen sie viel, Faulenzen ist nicht ihr Fall. Sternleser und SPEX- Leser weisen ein ähnliches Persönlichkeitsprofil wie die Spiegelleser auf, es ist bei den Sternlesern jedoch deutlich schwächer ausgeprägt.

Ein genau entgegengesetztes Persönlichkeitsprofil und Aktivitätenspektrum zeigen demgegenüber die Bravoleser, beides findet sich in abgeschwächter Form auch bei den Lesern der Neuen Revue wieder: Für sie gilt eine hohe materialistische und eine geringe postmaterialistische Orientierung; die traditionellen Pflicht- und Karrierewerte werden hochgeschätzt, während Selbstverwirklichung und Emanzipation eher gering erachtet werden. Bravoleser suchen in ihrer Freizeit entweder außerhäusliche Geselligkeit oder lassen sich zuhause beim Faulenzen lieber berieseln. Künstlerisch-kulturelle Aktivitäten und das Lesen, vor allem zur Weiterbildung, liegen ihnen fern (vgl. auch Jugendwerk der Deutschen Shell 1985, Bd. 2 S. 232).

Für Brigitteleser wie auch für die Leser der übrigen typischen Frauenzeitschriften sind Liebe und Geborgenheit zentrale Werte, während hedonistische Orientierungen wie Sex und Lebensgenuß eine eher untergeordnete Rolle spielen.

VIII. Umweltbewußtsein und Umweltverhalten

1. Zur Umweltproblematik

Wie im Produktionsprozeß wird auch im Konsumprozeß die natürliche Umwelt an zwei Grenzen berührt und beeinflußt: Überall dort, wo im Konsumprozeß keine Endprodukte direkt verbraucht werden, werden aus der Umwelt Energie und/oder weitere Rohstoffe benötigt, um die Produkte so aufzubereiten, daß sie konsumiert werden können; der Konsumprozeß benötigt also Inputs aus der natürlichen Umwelt wie beispielsweise elektrische Energie zum Kochen, Fernsehen oder Musikhören. Auf der anderen Seite fallen auch im Konsumprozeß Abfallprodukte an, die als Output in die natürliche Umwelt entlassen werden, wie beispielsweise Verpackungsmaterial beim Güterkonsum oder Lärm beim Hören von Rockmusik. Solange Umweltgüter wie Luft, Wasser und Boden als "freie" und damit kostenlose Güter für den Input des Konsumprozesses und solange die Outputs nur als externe Effekte betrachtet werden, die den Konsumprozeß finanziell nicht belasten, ist unter rein zweckrationaler Kosten-Nutzen-Kalkulation mit einer überproportionalen Ausbeutung von Energien und Rohstoffen und mit einer übermäßigen Abfallbelastung der natürlichen Umwelt vor allem unter Konkurrenzbedingungen zu rechnen. Erst dann, wenn durch politische Veränderungen der ökonomischen Rahmenbedingungen die Preise für die verschiedensten Umweltgüter in der Weise angehoben werden, daß regenerierbare Rohstoff- und Energienutzung preiswerter werden als die Nutzung der nichtregenerierbaren Ressourcen, und die Vermeidung oder das Recycling von Abfällen billiger werden als die Belastung der Umwelt durch ihre Deponierung an Land, im Wasser oder in der Luft, ist damit zu rechnen, daß ökonomisch rationales Handeln auch ökologisch rational wird.

Wenngleich den meisten Jugendlichen wie auch Erwachsenen diese Zusammenhänge nur ansatzweise bekannt sind, haben sie doch inzwischen ein kritisches Bewußtsein für die ökologische Gefährdung aufgebaut, dem das umweltbewußte Verhalten mit einigem Abstand folgt.

Nach der bundesweit und auf alle Altersgruppen angelegten Studie von Raffée und Wiedmann "Dialoge 2" kann die Frage, "ob der Umweltschutz im öffentlichen Bewußtsein eine Rolle spielt, mit einem klaren Ja beantwortet werden. Umweltschutzmaßnahmen stellen zusammen mit der Wiedereingliederung der Arbeitslosen die wichtigsten Problemfelder dar....Die Mehrheit der Bevölkerung ist hochsensibilisiert für die Gefahren, die der Umwelt drohen. Sie ist sich der Bedeutung gegensteuernder Maßnahmen bewußt." (Stern 1987, S.170). Nach dieser Studie bleibt es bei den meisten Bundesbürgern auch nicht nur beim Bewußtsein, es kommt auch zu umweltfreundlichem Verhalten. So erscheinen 28% der Bundesbürger bereits als umweltaktiv, 34% als umweltaktivierbar. Letztere haben entsprechende Werthaltungen und Einstellungen und können unter entsprechenden situativen Bedingungen zu einem aktiven umweltbewußten Verhalten gebracht werden. Aber immerhin 38% der Bevölkerung erscheinen aus privaten oder gesellschaftlichen Überzeugungen gegenwärtig weder das nötige Bewußtsein zu haben noch zu einem entsprechenden Verhalten zu bewegen zu sein (Stern 1986, S. 128).

Wir möchten im folgenden wissen, wie wichtig den Jugendlichen in West und Ost eine intakte Umwelt ist, und wie umweltbewußt sie sich bereits verhalten. Da wir die Fragen zum Umweltbewußtsein gleichermaßen an die Jugendlichen in der ehemaligen Bundesrepublik und der ehemaligen DDR gerichtet haben, können wir hier erneut Vergleiche vornehmen. Außerdem sind Vergleichsmöglichkeiten zu den Ergebnissen der Studie von Raffée und Wiedmann gegeben, da wir deren einschlägige Fragen übernommen haben.

2. Die Situation im Westen

Einen ersten Überblick über die relative Bedeutung, die die Jugendlichen in der ehemaligen Bundesrepublik verschiedenen umweltpolitischen Maßnahmen zumessen, gibt Tabelle 27.

Tabelle 27 weist das erwartete sehr hohe Problembewußtsein der Jugendlichen aus. Maßnahmen gegen die Luftverschmutzung und zur Reinerhaltung der Böden und Gewässer erhalten eine sehr hohe Zustimmung: Weit über 90% der Jugendlichen halten entsprechende Maßnahmen für sehr wichtig oder wichtig. Auch Maßnahmen zur Förderung umweltfreundlicher Produkte und zum sparsameren Umgang mit Energievorräten und Rohstoffen werden fast entsprechend hoch eingeschätzt. Lediglich die Maßnahmen zur Verringerung der Lärmbelästigung fallen dagegen leicht ab. Vergleicht man diese Ergebnisse mit den Erhebungen von Raffée und Wiedmann aus dem Jahr 1985, dann ist in den letzten 5 Jahren das Problembewußtsein der vergleichbaren Altersgruppe der Jugendlichen doch noch erheblich (d.h. um bis zu 20%-Punkten in der Kategorie "sehr wichtig") gestiegen (Stern 1986, S. 52f.). Der von Raffée und Wiedmann seiner Zeit konstatierte relative Rückgang des Problembewußtseins im Vergleich zu einer Studie aus dem Jahr 1981 kann hier für die Gruppe der Jugendlichen nicht bestätigt werden. Denkt man an die gerade in den letzten Jahren verstärkt laufende öffentliche Diskussion über z.B. das Ozonloch, den Treibhauseffekt und deren Ursachen, dann wird dieses vermutlich wieder angestiegene Problembewußtsein verständlich.

Tabelle 27: Einschätzung der Bedeutsamkeit umweltpolitischer Maßnahmen im Westen

Maßnahmen	völlig unwichtig %	weniger wichtig %	wichtig %	sehr wichtig %	x
Gegen Luftverschmutzung vorgehen	1	3	26	70	3,6
Reinerhaltung von Böden und Gewässern	1	5	26	67	3,6
Sparsamer Umgang mit Energievorräten und Rohstoffen	1	4	28	57	3,5
Förderung umweltfreundlicher Produkte und Verpackungen	2	8	31	60	3,5
Verringerung der Lärmbelästigung	2	11	46	40	3,2

Fragen wir an dieser Stelle erneut, welche Jugendlichen über ein besonders hohes bzw. besonders niedriges Umweltbewußtsein verfügen. Tabelle 28 bietet zunächst die Zusammenhänge zwischen dem umweltpolitischen Problembewußtsein und den sozialstrukturellen Merkmalen der Jugendlichen (vgl. Tabelle 28).

Das umweltpolitische Problembewußtsein steigt vor allem mit zunehmendem Alter der Jugendlichen an; nach der Studie von Raffée und Wiedmann ist es sogar in der Altersgruppe der 20- bis 49-Jährigen am höchsten. Der Einfluß des Geschlechts und der Höhe der Schulbildung ist demnach erheblich geringer, wenngleich man sagen kann, daß Mädchen und Jugendliche (aber auch Erwachsene) mit höherer Schulbildung tendenziell ein höheres Problembewußtsein besitzen. Erstaunlich ist, daß die soziale Herkunft, sowohl durch die Höhe der Schulbildung des Vaters als auch über die Höhe des Haushaltseinkommens indiziert, keinen Einfluß auf das Problembewußtsein der Jugendlichen ausübt: Die Umweltbelastung trifft alle sozialen Schichten gleichermaßen und wird offenbar auch von allen gleichermaßen erfahren. Fragen wir jetzt weiterhin nach den Zusammenhängen, die zwischen dem Umweltbewußtsein und den persönlichen und gesellschaftlichen Werthaltungen und Einstellungen bestehen (vgl. Tabelle 29).

Tabelle 28: Einschätzung der Bedeutsamkeit umweltpolitischer Maßnahmen unter sozialstrukturellen Bedingungen

Maßnahmen	Geschlecht Tau C	Alter Tau C	Schulbildung Tau C	Bildung Vater Tau C	Haushaltseinkommen Tau C
Gegen Luftverschmutzung vorgehen	-	-	-	-	-
Reinerhaltung von Böden und Gewässern	+.10s	+.09s	+.10s	-	-
Sparsamer Umgang mit Energievorräten und Rohstoffen	-	+.16ss	-	-	-
Förderung umweltfreundlicher Produkte und Verpackungen	+.20ss	+.16ss	+.16ss	-	-
Verringerung der Lärmbelästigung	-	+.18ss	-	-	-

Tabelle 29: Einschätzung der Bedeutsamkeit umweltpolitischer Maßnahmen nach persönlichen und gesellschaftlichen Werthaltungen

Maßnahmen	postmat. Orient. Tau C	Freund. Orient. Tau C	Karriere Orient. Tau C	Selbstver. Orient Tau C	Emanz. Orient. Tau C
Gegen Luftverschmutzung vorgehen	+.32ss	+.19ss	-.10s	+.19ss	-
Reinerhaltung von Böden und Gewässern	+.32ss	+.19ss	-.09s	+.20ss	+.09s
Sparsamer Umgang mit Energievorräten und Rohstoffen	+.38ss	+.21ss	-.15s	+.21ss	+.12s
Förderung umweltfreundlicher Produkte und Verpackungen	+.40ss	+.26ss	-.20ss	+.21ss	+.19ss
Verringerung der Lärmbelästigung	+.41ss	+.21ss	-	+.23ss	+.18ss

Was die persönlichen Werthaltungen angeht, finden wir das zu erwartende Wertesyndrom: eine hohe ökologische Orientierung korrespondiert mit einer starken postmaterialistischen und (hier nicht aufgeführt) einer geringen materialistischen Orientierung. Sie geht weiterhin mit einer auf Selbstverwirklichung und Emanzipation ausgerichteten Orientierung und einer Orientierung am Wert der Freundschaft einher, während Karrierewerte wie Ansehen, Einkommen und Aufstieg negativ mit ihr korrelieren.

Ein umweltpolitisches Problembewußtsein und die Hochschätzung umweltpolitischer Maßnahmen müssen nicht notwendigerweise auch in ein umweltfreundliches Verhalten einmünden; hier intervenieren bekanntermaßen konkrete situative Bedingungen. In welchem Umfang die Jugendlichen aber bereits umweltfreundliche Verhaltensweisen praktizieren, zeigt Tabelle 30 (vgl. Tabelle 30).

Tabelle 30: Umweltfreundliches Verhalten der Jugendlichen

Maßnahmen	halte ich für übertrieben %	halte ich für nachahmenswert %	befolge ich bereits %	x
Einwegflaschen immer in Spezialcontainer bringen		24	71	2,7
Nicht Einweg-, sondern Pfandflaschen kaufen	9	39	52	2,4
Verpackungsmaterial einsparen/ablehnen, wo es nur geht	11	59	31	2,2
Überwiegend umwelfreundliches Papier kaufen	13	46	41	2,3
Keine Produkte von Firmen kaufen, die ins Gerede gekommen sind	22	53	26	2,0
Lebensmittel mit Konservierungsstoffen meiden	31	40	29	2,0
Ungespritztes Obst und Gemüse kaufen, auch wenn es teurer ist	21	58	21	2,0
Die Haut mit Naturkosmetika pflegen	35	46	19	2,0
Textilien mit Kunstfaser vermeiden	47	31	22	1,8
Nur biologische Putz- und Wasch mittel verwenden, auch wenn sie nicht so kräftig und sauber reinigen	19	53	28	2,1

Wie zu erwarten, hinkt das umweltfreundliche Verhalten der Jugendlichen doch erheblich hinter ihren umweltfreundlichen Einstellungen hinterher, wenn man die Prozentangaben unter der Rubrik "befolge ich bereits" betrachtet. Allenfalls beim Entsorgen der Einwegflaschen wird von knapp drei Vierteln der Jugendlichen der Spezialcontainer genutzt; nur gut 50% der Jugendlichen bemühen sich, Pfandflaschen statt Einwegflaschen zu kaufen. Alle anderen Maßnahmen werden von weniger als der Hälfte der Jugendlichen auch praktiziert.

Im Vergleich zu 1985 (vgl. Stern 1986, S. 200ff.) ist das umweltfreundliche Verhalten der Jugendlichen insgesamt deutlich verbessert; es erreicht jedoch nach wie vor nicht das Ausmaß, das die Erwachsenen damals bereits praktizierten.

Offensichtlich sind die umweltfreundlichen Verhaltensweisen für die Jugendlichen im Vergleich zu den Erwachsenen zu aufwendig und zu kostspielig. Die relativ höheren Kosten des Konsums und der Entsorgung umweltfreundlicher Produkte dürften gegenwärtig eine entscheidende situative Bedingung dafür darstellen, daß wir einerseits die Diskrepanz zwischen den umweltfreundlichen Einstellungen und Verhaltensweisen und andererseits die Unterschiede zwischen den Jugendlichen und den Erwachsenen im umweltfreundlichen Verhalten beobachten können.

Bei den sozialen und personalen Bedingungen eines umweltfreundlichen Verhaltens ist eine ähnliche Konstellation wie beim Umweltbewußtsein zu erwarten. Um hier nicht jede konkrete Verhaltensweise auf ihre Bedingungen überprüfen zu müssen, haben wir aus den Einzelvariablen zum Umweltverhalten einen Index gebildet und ihn mit den sozialen und personalen Bedingungen in Beziehung gesetzt (vgl. Tabelle 31).

Tabelle 31: Soziale und personale Bedingungen umweltfreundlichen Verhaltens (Korrelationen jeweils mit der Indexvariablen "Umweltverhalten")

Bedingungen							
Geschlecht	Alter	Schulbild.	Mat. Orient.	Postmat. Orient.	Karriere-Orient.	Selbst. Orient.	Emanz. Orient
TauC	Tau C	Tau C	Tau C	Tau C	Tau C	Tau C	Tau C
+.23	+.22	+.24	-.30	+.41	-.23	+.28	+.21

Anmerkung: Alle Koeffizienten sind auf dem 99%-Niveau signifikant.

Das Umweltverhalten zeigt eine deutliche und konsistente Bedingungsstruktur: Umweltfreundliches Verhalten wird durchgehend stärker von den Mädchen als von den Jungen praktiziert. Umweltbewußtes Verhalten steigt mit zunehmendem Alter und zunehmendem Bildungsniveau an. Wenngleich beide Variablen miteinander korrelieren, bleibt, wie eine Regressionsanalyse bestätigt, ein getrennter Effekt sowohl des Alters als auch des Bildungsniveaus bestehen. Die soziale Herkunft spielt auch in diesem Fall keine Rolle.

Unter dem Aspekt der Wertorientierungen finden wir umweltfreundliches Verhalten vor allem bei den postmaterialistisch orientierten Jugendlichen, die zugleich nach Selbstverwirklichung und Emanzipation streben. Tendenziell umweltfeindliches Verhalten findet sich dagegen vor allem bei den materialistisch orientierten Jugendlichen mit einer starken Karriereorientierung. Faßt man diese Ergebnisse in einem Pfadmodell zusammen, dann ergibt sich das folgende Bild (vgl. Modell 12).

Modell 12: Pfadmodell zur Erklärung umweltfreundlichen Verhaltens

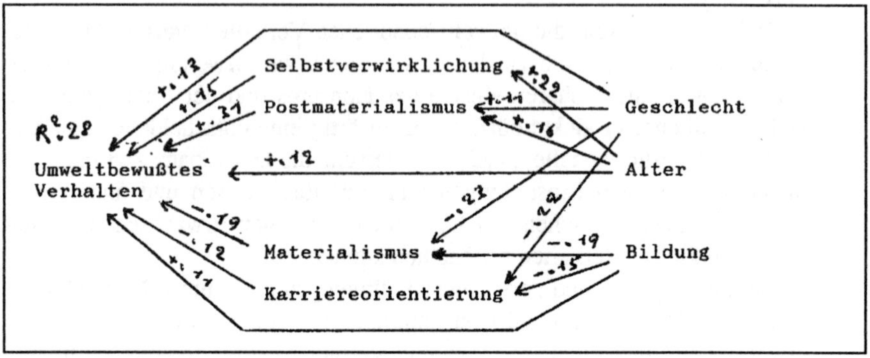

Das gesamte Modell erklärt rund 28% der Varianz des Umweltverhaltens; von den unabhängigen Variablen erklären allein die persönlichen Werthaltungen direkt 24%. Gleichwohl bleiben neben den Effekten dieser Werthaltungen weiterhin direkte Effekte des Geschlechts, des Alters und des Bildungsniveaus zu erkennen.

3. Die Situation im Osten

Da die Belastung der Umwelt in der emaligen DDR erheblich höher liegt als in der ehemaligen Bundesrepublik, sollte man auch mit einem höheren Problembewußtsein der Jugendlichen rechnen; erfahren sie doch vor allem auch die Verunreinigung der Luft durch die Braunkohleemissionen der privaten und öffentlichen Heizanlagen und durch die bislang noch weitgehend ungefilterten Emissionen aus den Industriebetrieben, speziell den Betrieben der chemischen Industrie täglich hautnah. Tabelle 32 gibt die Einschätzung der Bedeutsamkeit umweltpolitischer Maßnahmen durch die Jugendlichen in der ehemaligen DDR insgesamt wieder (vgl. Tabelle 32 sowie Tabelle 27 für die Situation im Westen).

Wie zu erwarten liegt die Zustimmung zu den Maßnahmen zur Verbesserung der Umweltsituation erheblich höher als in der ehemaligen Bundesrepublik. Die Jugendlichen in den fünf neuen Bundesländern sind sich offenbar der Schwere der Belastungen, denen ihre Umwelt und damit sie selbst ausgesetzt sind, voll bewußt. Dieses Bewußtsein ist unabhängig vom Geschlecht, wie für den Westen noch festgestellt werden konnte. Im Unterschied zum Westen sind es jedoch vor allem die jüngeren Jugendlichen, die

die umweltverbessernden Maßnahmen fordern (Tau C: für Maßnahmen gegen Luftverschmutzung -.12s; für Reinerhaltung von Böden und Gewässern -.13s; für Verringerung der Lärmbelästigung -.10s). Die eigene Schulbildung und die soziale Herkunft spielen hier keine Rolle. Zusammenhänge zwischen dem Umweltbewußtsein und den Wertorientierungen sind angesichts des insgesamt starken Umweltbewußtseins kaum mehr festzustellen. Allenfalls wird das Umweltbewußtsein durch eine postmaterialistische Orientierung verstärkt. Für alle Maßnahmen sind hier positive und signifikante Korrelationen gegeben, die jedoch deutlich schwächer sind als im Westen.

Tabelle 32: Einschätzung der Bedeutsamkeit umweltpolitischer Maßnahmen im Osten

Maßnahmen	völlig unwichtig %	weniger wichtig %	wichtig %	sehr wichtig %	x
Gegen Luftverschmutzung vorgehen	0	0	9	91	3,9
Reinerhaltung von Böden und Gewässern	0	0	10	90	3,9
Sparsamer Umgang mit Energievorräten und Rohstoffen	1	0	17	82	3,8
Förderung umweltfreundlicher Produkte und Verpackungen	0	1	11	87	3,9
Verringerung der Lärmbelästigung	0	4	24	72	3,7

IX. Werte, Lebensstile und Milieus

1. Abgrenzungen

In den vorhergehenden Kapiteln haben wir immer wieder auf Werte und Werthaltungen zur Erklärung des Konsum- oder Freizeitverhaltens abgestellt, ohne sie selbst dargestellt zu haben; das soll nun nachgeholt werden.

In rein deskriptiver Hinsicht interessiert zunächst einmal, welche Werthaltungen und Einstellungen die Jugendlichen zu den verschiedensten persönlichen und gesellschaftlichen Bereichen heute haben. Da wir im folgenden u.a. auf die Werttypologien von Raffée und Wiedmann abstellen, soll hier auch deren Definition von Werten kurz genannt werden: "Werte lassen sich allgemein als grundlegende, explizite und/oder implizite Konzeptionen des Wünschenswerten charakterisieren; Werte haben einerseits teilweise den Charakter von Zielen; andererseits verkörpern sie Kriterien zur Beurteilung von Zielen, Objekten und Handlungen, übernehmen mithin die Funktion von Orientierungsstandards, Leitlinien und kanalisieren das Verhalten in bestimmte Richtungen" (Raffée/Wiedmann 1987, S. 15). Werte als personenunabhängige Objektivationen und Werthaltungen als subjektive Verinnerlichungen von Werten lassen sich ähnlich wie Bedürfnisse ansatzweise hierarchisch klassifizieren: Grundlegenden, eher abstrakten Werten wie z.B. "Pflichterfüllung " oder "Selbstverwirklichung" folgen konkretere bereichsspezifische Werte wie z.B. "Liebe" im privaten, "Einkommen" im beruflichen oder "Umweltschutz" im ökologischen Bereich. Werte lassen sich weiterhin in persönliche und gesellschaftsbezogene Werte unterscheiden. Persönliche Werte verlangen die eigene Person als Handelnden zu ihrer Realisierung, Erfolg und Mißerfolg werden dementsprechend auch der eigenen Person zugerechnet. Gesellschaftliche Werte verlangen dagegen (auch) Dritte als Handelnde, wie z.B. den Staat, die Wirtschaft, die Parteien oder wen auch immer. GesellschaftsbezogeneWerte sind damit stets auch Forderungen an andere; so ist z.B. "Verbesserung des Umweltschutzes" eine

Forderung sowohl an den Staat als auch an die Wirtschaft, aber auch an sich selbst. Ob Werthaltungen als Werteverinnerlichungen ähnlich wie Einstellungen in konkretes entsprechendes Verhalten münden, hängt von einer Vielzahl situativer Bedingungen, nicht zuletzt von den Bedingungen der Interaktionssituationen ab, in denen die Menschen stehen, z.B. von den finanziellen Verhältnissen oder den Machtverhältnissen.

Im Rahmen unserer Analyse werden wir im einzelnen die folgenden Wertebereiche näher untersuchen:

1. persönliche Werte, hierzu zählen:
1.1. Selbstentfaltungs- bzw. Selbstverwirklichungswerte,
1.2. Pflicht- und Akzeptanzwerte,
1.3. private Werte,
1.4. berufsbezogene Werte.

Private und berufsbezogene Werte stellen dabei bereichsspezifische, Selbstentfaltungs- und Pflichtwerte grundlegende Wertekomplexe dar.

2. Gesellschaftsbezogene Werte, hierzu zählen:
2.1. postmaterialistische Werte,
2.2. materialistische Werte,
2.3. beschäftigungspolitische Werte,
2.4. umweltpolitische Werte,
2.5. gesundheitspolitische Werte und
2.6. sozialpolitische Werte.

Materialistische und postmaterialistische Werte können erneut als grundlegend, die übrigen als bereichsspezifisch gekennzeichnet werden.

Neben den Werten interessieren uns die Lebensstile, die die Jugendlichen heute präferieren. Lebensstile können als komplexe, mehr oder weniger konsistente Verhaltensmuster bezeichnet werden, die von den Jugendlichen in ihrem Schul- und Berufsleben einerseits und in ihrer Freizeit, einschließlich ihres Konsums, andererseits gezeigt werden. Die Lebensstile haben wir durch Vorgaben von Verhaltensweisen zu erfassen versucht, zu denen die Jugendlichen ihre Zustimmung oder Ablehnung zum Ausdruck bringen konnten. Erinnert sei hier auch an die bereits erwähnten Freizeit- und Konsumverhaltensweisen, die in Verbindung mit Werthaltungen und Lebensstilen als Indikatoren für bestimmte soziale Milieus gelten können (vgl. auch Raffée/Wiedmann 1987, S. 161 ff.).

Es ist zu erwarten, daß sich Werthaltungen und Lebensstile in der Weise miteinander verbinden, daß Jugendliche wie auch Erwachsene versuchen, ihre Werthaltungen in einem bestimmten Lebensstil zu realisieren. Das mag nicht immer gelingen, so z.B. dann nicht, wenn einem Hedonisten oder Lebenserotiker das nötige Kleingeld fehlt, um ein entspechend abwechselungsreiches und abenteuerliches Leben zu führen. Unter der Annahme der Vermeidung von kognitiven Dissonanzen oder Inkongruenzen ist jedoch damit zu rechnen, daß Wertmuster und Lebensstile als Verhaltensmuster einander mehr oder weniger entsprechen. Unter dieser Annahme sollte es möglich sein, typische jugendliche Milieus zu entdecken und ihre relative Größe, z.B. mit Hilfe einer Clusteranalyse, zu ermitteln. Die Ermittlung von sozialen Milieus als Ausdruck kohärenter Werthaltungs- und Lebensstilmuster bildet somit das dritte Interesse dieses Kapitels.

Da wir die Werte und Lebensstile in beiden Teilen der heutigen Bundesrepublik gleichermaßen erhoben haben und der direkte Vergleich von besonderem Interesse ist, werden wir in den folgenden Tabellen die Daten für die Jugendlichen aus Ost und West direkt nebeneinander stellen.

2. Werte und Werthaltungen

Die folgende Analyse wendet sich den Werten zu; welche Werte die Jugendlichen in welchem Ausmaß schätzen, zeigt Tabelle 33 (vgl. Tabelle 33).

Betrachten wir zunächst einmal die Werte der Jugendlichen in der ehemaligen Bundesrepublik. Bei den persönlichen Werten gilt unser erstes Augenmerk den grundlegenden Wertesyndromen der Selbstentfaltungswerte und der Pflicht- und Akzeptanzwerte.

Gerade in der ehemaligen Bundesrepublik ist wiederholt die These vertreten worden, daß in den letzten Jahrzehnten ein Wertwandel derart stattgefunden habe, daß die Pflicht-und Akzeptanzwerte gegenüber den Selbstverwirklichungswerten (u.a. Noelle-Neumann) an Bedeutung verloren hätten. Wenngleich wir hier diese These aufgrund fehlender Längsschnittdaten nicht überprüfen können, bleibt jedoch festzustellen, daß die Selbstverwirklichungswerte für die Jugendlichen eine erheblich größere Bedeutung haben als die traditionellen Pflicht- und Akzeptanzwerte. Ganz oben rangieren in der Wertehierachie Werte wie Humor, Selbständigkeit, Selbstverwirklichung und Mitbestimmung. Kurz dahinter finden sich die hedonistischen Werthaltungen wie Genuß, Abenteuer und Sex/Erotik. Auf dieser Ebene spielen für die Jugendlichen also Selbstentfaltung und Hedonismus die größte Rolle; der gleiche Befund ergibt sich bei Raffée und Wiedmann (1987, S. 147). Die traditionellen Pflicht- und Akzeptanzwerte folgen in der Wertehierarchie deutlich hinter den Selbstentfaltungswerten; insgesamt korrelieren sie mit ihnen negativ.

Tabelle 33: Werte der Jugendlichen in West und Ost

Werte	Einschätzungen im Westen sehr wichtig %	wichtig %	eher unwichtig %	völlig unwichtig %	West x	Ost x
1. Persönliche Werte						
1.1 Selbstentfaltung						
Humor	56	40	3	0	3,5	3,7
Selbständigkeit	51	44	5	0	3,4	3,6
Selbstverwirkl.	45	48	7	0	3,4	3,5
Mitbestimmung	37	57	7	0	3,3	3,3
Lebensgenuß	39	50	10	1	3,3	3,3
Bildung	34	55	10	0	3,2	3,7
Kreativität	34	52	13	1	3,2	3,5
Abenteuer	35	48	17	2	3,2	3,3
Sex, Erotik	31	53	15	1	3,1	3,2
Emanzipation von Autoritäten	22	46	25	7	2,8	-
1.2. Pflicht u. Akzeptanz						
Pünktlichkeit	17	51	29	5	2,8	3,6
Anpassungsbereitschaft	17	42	29	11	2,7	3,2
gute Manieren	12	55	23	10	2,7	3,4
Fleiß	9	57	26	8	2,7	3,5
Pflichterfüllung	9	58	24	9	2,7	3,5
Bescheidenheit	8	39	44	9	2,5	3,2
Disziplin und Ordnung	7	41	41	11	2,4	3,3
1.3. Privatbereich						
gute Freunde	76	23	1	0	3,7	3,7
Liebe	61	34	4	1	3,6	3,7
Treue	43	45	11	2	3,3	3,7
gutes Aussehen	12	54	29	6	2,7	-
eigene Kinder	18	29	33	20	2,5	3,2
Glaube an Gott	9	19	33	39	2,0	2,0
Heimatverbundenheit	6	22	37	35	2,0	2,8
1.4. Berufsbereich						
Identifikation mit Beruf	49	41	7	3	3,4	3,6
Arbeitsplatzsicherheit	44	38	13	5	3,2	3,7
Aufstiegsmögl.	25	52	18	5	3,0	3,4
hohes Einkommen	25	43	27	6	2,9	3,2
Entscheidungsbefugnisse	17	57	22	4	2,9	3,1
hohes Ansehen	10	37	43	11	2,5	2,8

Fortsetzung Tabelle 33: Werte der Jugendlichen ...

Werte	Einschätzung im Westen sehr wichtig	wichtig	eher unwichtig	völlig unwichtig	West	Ost
	%	%	%	%	x	x
2. Gesellschaftliche Werte						
2.1. postmaterialistische Werte						
Schutz der freien Meinungsäußerung	69	27	3	1	3,6	3,8
Mitsprache am Arbeisplatz	44	49	7	1	3,4	3,3
Mitsprache bei Regierungsentscheid.	43	50	6	2	3,3	3,6
Humane Gesellschaft	43	42	12	2	3,3	3,3
Gesellschaft mit Ideen wichtiger als Geld	39	47	12	2	3,2	3,1
Verschönerung von Städten und Land	35	49	14	2	3,2	3,6
2.2. materialistische Werte						
Kampf gegen Verbrechen	38	47	12	3	3,2	3,8
stabile Wirtschaft	26	61	12	2	3,1	3,7
Kampf gegen steigende Preise	26	59	13	2	3,1	3,5
Wirtschaftswachs.	11	44	39	7	2,6	3,3
Ordnung d. Nation	11	41	32	17	2,5	3,6
starke Verteidigungskräfte	7	20	35	38	1,9	2,0
2.3. beschäftigungsbezogene Werte						
Wiedereingliederung der Arbeitslosen	46	48	5	2	3,4	3,3
Förderung beruflichen Aus- und Weiterbildung	41	50	8	1	3,3	3,6
Verkürzung der Lebensarbeitszeit	24	45	29	2	2,9	3,2
Verstärkung von Gleit-, Teilzeit, Jobsharing	23	45	29	3	2,9	2,7
Förderung des techn. Fortschritts	13	46	34	7	2,6	3,5
2.4 umweltbezogene Werte						
Diese Werte sind bereits in den Tabellen 27 und 32 dargestellt (vgl. Tabellen 27 und 32).						

Fortsetzung Tabelle 33: Werte der Jugendlichen...

Werte	Einschätzung im Westen sehr wichtig %	wichtig %	eher unwichtig %	völlig unwichtig %	West x	Ost x
2.5. gesundheitsbezogene Werte						
Gesundheitsvorsorge verbessern	43	44	11	2	3,3	3,6
Bewußtsein für gesunde Lebensweise stärken	38	47	13	3	3,2	3,4
2.6 sozialpolitische Werte						
Gleichberechtigung der Frauen	46	37	13	5	3,2	3,5
Verringerung der Armut	40	47	7	5	3,2	3,5
Kampf gegen Drogen	45	32	15	8	3,1	3,8
Integration der Ausländer	34	40	20	6	3,0	2,7

Anmerkungen: n liegt im Westen zwischen 259 und 268, im Osten bei ca.140 ; die umweltpolitischen Werte wurden bereits im vorhergehenden Abschnitt behandelt; vgl. 27 und 32.

Vergleicht man im Bereich der persönlichen Werte die bereichsspezifischen Werte aus dem Privatbereich mit denjenigen aus dem Berufsbereich, dann scheinen beide Bereiche für die Jugendlichen insgesamt etwa gleichermaßen bedeutsam. Führend sind jedoch die aus dem Privatbereich stammenden Werte Freundschaft, Liebe und Treue. Am Ende dieses Bereichs rangieren der Glaube an Gott und die Liebe zur Heimat. Im beruflichen Bereich wird vor allem eine Tätigkeit angestrebt, mit der man sich identifizieren kann. Die sog. intrinsische Orientierung dominiert somit vor den extrinsischen Orientierungen an mit der Berufstätigkeit verbundenen Gratifikationen. Dieser Befund ist hinsichtlich der Rangreihung seit vielen Jahren stabil (vgl. z.B. Lange 1978). Zu ähnlichen Ergebnissen kommen Hurrelmann u.a. in einer 1990 durchgeführten Studie bei Jugendlichen des SEK II-Bereichs: "Auch hier zeigt sich, daß die heutige Jugend wesentlich besser ist als ihr Ruf. Die ...Vorurteile und Unkenrufe, die jungen Menschen würden sich ausschließlich an den Verdienstmöglichkeiten orientieren, während ihnen die Art der inhaltlichen Tätigkeit zunehmend bedeutungslos werde, werden in unserer Befragung nicht bestätigt" (Hurrelmann u.a. 1990, S. 10).

Hinsichtlich der gesellschaftlichen Werte wird bezüglich der grundlegenden Werte ebenfalls seit Jahren die erstmals von Inglehart (1977) vorgetragene These vertreten, daß sich in allen westlichen Industriegesellschaften, also auch in der Bundesrepublik, nach dem 2. Weltkrieg ein Wertewandel derart vollzogen habe, daß an die Stelle der materialistischen Werte die postmaterialistischen Werte getreten seien. Die vorliegenden Ergebnisse können zwar erneut nicht die These des Wandels bekräftigen, sie bestätigen jedoch die eindeutige Dominanz postmaterialistischer gegenüber materialistischen Wertorientierungen. Ganz oben in der Hierarchie gesellschaftlicher Werte stehen dabei der Schutz der freien Meinungsäußerung sowie die Sicherung der Mitspracherechte am Arbeitsplatz, in den Gemeinden und bei Regierungsentscheidungen; es folgen die Werte, die sich auf eine humane Gesellschaft beziehen, in der Ideen mehr zählen als Geld. Die hier als materialistisch bezeichneten Werte wie Kampf gegen das Verbrechen, eine stabile Wirtschaft, hohes Wirtschaftswachstum und "law and order" werden dagegen erheblich geringer geschätzt. Abgelehnt werden damit der Staat als Obrigkeitsstaat und die Wirtschaft als kapitalistische Wirtschaft. Auch hier gilt, daß materialistische Orientierungen und postmaterialistische Orientierungen in ihrer Gesamtheit negativ miteinander korrelieren.

Betrachten wir jetzt die bereichsspezifischen Wertorientierungen: Hier dominieren ganz eindeutig die umweltbezogenen Werte wie "gegen die Luftverschmutzung vorgehen", "Reinerhaltung von Böden und Gewässern" usw. und die gesundheitsbezogenen Werte. Umweltgefährdungen erscheinen offensichtlich als eine wichtige Ursache für die Gesundheitsgefährdungen; beide Wertbereiche korrelieren hoch miteinander. Es folgen die beschäftigungsbezogenen Werte, von denen die Wiedereingliederung der Arbeitslosen an der Spitze steht. Angesichts der hohen Arbeitslosigkeit, speziell auch der Jugendarbeitslosigkeit, wird hier offensichtlich gerade auch von den Jugendlichen eine erhebliche Bedrohung ihres gegenwärtigen und zukünftigen Status befürchtet. In etwa gleichauf liegen die sozialpolitischen Werte Schaffung der Gleichberechtigung der Frauen, die Verringerung der Armut, Kampf gegen den Drogenmißbrauch und Integration der Ausländer.

Fragen wir jetzt, wie es mit den Wertorientierungen der Jugendlichen in der ehemaligen DDR aussieht. Im Bereich der persönlichen Werte fällt zunächst ins Auge, daß die Pflicht- und Akzeptanzwerte, die sog. klassischen Tugenden, von den Jugendlichen in gleich hohem Maße geschätzt werden wie die Selbstentfaltungswerte. Damit ist zugleich gesagt, daß die Jugendlichen im Osten die klassischen Pflicht- und Akzeptanzwerte in erheblich höherem Maße schätzen als die Jugendlichen im Westen. Im Unterschied zur Situation im Westen ist im Osten offenbar bisher noch kein Einbruch in der Wertschätzung dieser klassischen Tugenden zu beobachten. Vermutlich schlägt hier die preußische Tradition, die von der SED in der Erziehung gepflegt wurde, nach wie vor durch. Während bei den Jugendlichen im Westen kein Zusammenhang zwischen der Betonung der Selbstverwirklichungswerte und der Pflicht- und Akzeptanzwerte besteht (r = -.01), finden wir bei den Jugendlichen im Osten eine starke positive Korrelation zwischen beiden Wertebereichen (r = +.43ss). Selbstverwirklichung und Pflichterfüllung schließen sich bei den Jugendlichen im Osten nicht aus, sondern gehen im Gegenteil Hand in Hand miteinander. Im Rahmen der Selbstverwirklichungswerte gilt ansonsten bei den Jugendlichen im Osten fast die gleiche Rangreihe wie bei den Jugendlichen im Westen; allerdings werden die Werte Bildung und Kreativität wesentlich höher geschätzt als im Westen.

Im Privatbereich stehen auch bei den Jugendlichen im Osten die guten Freunde, Liebe und Treue ganz oben in der Wertehierarchie. Im Vergleich zum Westen besitzen jedoch eigene Kinder und die Verbundenheit mit der eigenen Heimat einen erheblich höheren Stellenwert. Bei den berufsbezogenen Werten ist die Situation im Osten erneut ähnlich wie im Westen, wobei unter den gegenwärtigen Bedingungen ein sicherer Arbeitsplatz verständlicherweise die oberste Priorität erhält.

Vergleichen wir bei den gesellschaftsbezogenen Werthaltungen zunächst die postmaterialistischen und die materialistischen Werte miteinander: Während im Westen eine deutliche Dominanz postmaterialistischer Orientierungen gegenüber materialistischen Orientierungen zu beobachten war, werden im Osten die materialistischen Werte gleich hoch geschätzt wie die postmaterialistischen Werte. Darüberhinaus korreliert im Westen eine postmaterialistische Orientierung negativ mit einer materialistischen Orientierung (r = -.12s), während im Osten beide Orientierungen positiv zusammenhängen (r = +.23s). Die Situation ist hier ähnlich wie bei den Selbstentfaltungswerten und den Tugenden im persönlichen Bereich. Bei den Jugendlichen im Osten besteht offensichtlich kein Widerspruch in der Verfolgung sowohl materieller als auch ideller Ziele und Werte. Können sich die Jugendlichen im Westen aufgrund ihrer faktischen materiellen Wohlstandssituation offensichtlich eine relative Geringschätzung materialistischer Werte und eine Differenzierung in den Werthaltungen erlauben, so steht für die Jugendlichen im Osten zunächst einmal die Schaffung zumindest gleicher materieller Verhältnisse wie im Westen im Vordergrund; sie können sich offensichtlich den Luxus einer Geringschätzung materieller Werte noch nicht leisten. Hinzu kommt allerdings, daß die Jugendlichen im Osten noch in stärkerem Maße im Sinne der klassischen wirtschafts- und gesellschaftspolitischen Ziele erzogen sind, zu denen sowohl ein rein quantitatives Wirtschaftswachstum als auch die Sicherung eines starken, hier sogar totalitären Staates gehörten.

Bei den auf verschiedene Gesellschaftsbereiche bezogenen Werten dominieren auch bei den Jugendlichen im Osten der Schutz der Umwelt und die Betonung von Maßnahmen zu ihrer Verbesserung. Es folgen gleichauf die gesundheitsbezogenen Werte und die sozialpolitischen Werte. Wenig erstaunlich ist in diesem Zusammenhang, daß die Jugendlichen im Osten dem Kampf gegen Drogen wesentlich größeres Gewicht beimessen als die Jugendlichen im Westen. Umgekehrt hat für sie die Integration der Ausländer, vermutlich sowohl aufgrund des geringeren Ausländeranteils in der ehemaligen DDR als auch aufgrund der größeren emotionalen Distanz zu Ausländern, eine geringere Bedeutung.

Insgesamt gesehen ist die Zustimmung der Jugendlichen im Osten zu fast allen Werten deutlich höher als die der Jugendlichen im Westen. Ob sozial erwünscht oder nicht, die Jugendlichen in der ehemaligen DDR erscheinen damit erheblich stärker wertorientiert als die Jugendlichen im Westen. Hinzu kommt, daß die Jugendlichen im Osten eine Wertestruktur besitzen, die sich von derjenigen der Jugendlichen im Westen deutlich unterscheidet, wie bezüglich der grundlegenen persönlichen und gesellschaftsbezogenen Wertekomplexe bereits angedeutet wurde. Einen tieferen Einblick in die Wertestruktur vermittelt Tabelle 34 in Form von Korrelationskoeffizienten zwischen den wichtigsten Wertekomplexen (vgl. Tabelle 34).

Tabelle 34: Zur internen Struktur der Werte bei den Jugendlichen in West und Ost

Werte	Selbstverwirklichung	Pflicht/ Akzept.	Postmat.	Materiali.	Liebe/ Treue	Beruf/ Karriere
Selbstverwirklichung	x	-	+.40ss	-.12s	-	-
Pflicht/Akzept.	+.43ss	x	-	+.54ss	+.32ss	+.34ss
Postmat.	+.22s	+.28ss	x	-.12s	+.19s	-.11s
Material.	+.27ss	+.42ss	+.23s	x	+.22ss	+.50ss
Liebe/Treue	+.21s	+.12	-	+.12	x	-
Beruf/Karriere	+.43ss	+.30ss	+.15	+.50ss		x

Die Koeffizienten oberhalb der Diagonale geben die Zusammenhänge zwischen den Werten bei den Jugendlichen im Westen, die Koeffizienten unterhalb der Diagonale die Zusammenhänge zwischen den Werten der Jugendlichen im Osten wieder.

Wer im Westen nach Selbstverwirklichung strebt, besitzt zugleich eine hohe postmaterialistische und eine niedrige materialistische Orientierung. Zwischen dem Streben nach Selbstverwirklichung und den übrigen Werten gibt es im Westen keine Zusammenhänge. Wer im Osten nach Selbstverwirklichung strebt, betont zugleich die Pflicht- und Akzeptanzwerte und die beruflichen Karrierewerte. Überspitzt könnte man sagen, daß sich die Jugendlichen im Osten in Pflichterfüllung im Beruf zu verwirklichen suchen. Selbstverwirklichung geht dementsprechend sowohl mit postmaterialistischen als auch mit materialistischen Werten einher und verbindet sich auch mit den Werten Liebe und Treue.

Die Pflicht- und Akzeptanzwerte, also die klassischen preußischen Tugenden, korrelieren in West wie in Ost vor allem mit der Betonung materialistischer Werte und mit dem Streben nach beruflicher Karriere. Im Osten sind diese Werte darüberhinaus gleichzeitig mit einer postmaterialistischen Orientierung vereinbar, was bei den Jugendlichen im Westen nicht geht. Es war bereits erwähnt, daß im Westen eine postmaterialistische Orientierung nicht mit einer materialistischen Orientierung sowie mit einer beruflichen Karriereorientierung vereinbar ist; im Osten dagegen sehr wohl.

Angesichts dieser Wertemuster lassen sich die Jugendlichen im Westen vor allem hinsichtlich der Art der Werte unterscheiden, die sie verfolgen; die Situation der Jugendlichen kann damit als wertpluralistisch bezeichnet werden. Die Jugendlichen im Osten unterscheiden sich vor allem im Hinblick auf das Ausmaß, in dem sie alle Werte zugleich verfolgen; die Situation der Jugendlichen kann damit als mehr oder weniger wertintensiv beschrieben werden.

Prüfen wir jetzt noch, ob es bezüglich der Werthaltungen Unterschiede zwischen Jungen und Mädchen, den verschiedenen Altersgruppen, der Höhe der eigenen Schulbildung und der sozialen Herkunft, indiziert durch die Schulbildung des Vaters, gibt (vgl. Tabelle 35).

Tabelle 35: Wertekomplexe nach Geschlecht, Alter, Schulbildung und sozialer Herkunft (jeweils Tau C)

Werte	im Westen				im Osten			
	Geschl.	Alter	eigene Bildung	Bildung Vater	Geschl.	Alter	eigene Bildung	Bildung Vater
Selbst-verwirk.	-	-	+.17ss	+.19ss	+.14ss	-	-	+.10
Pflicht/ Akzept.	-	-	-	-.13ss	-	+.10s	-	-.13
Post-mat.	+.11s	+.17ss	+.23ss	+.11s	+.11	-.15ss	-	-.14s
Material.	-.17ss	-.15ss	-.29ss	-	-	-.10	-	-
Liebe/ Treue	+.10s	+.11s	-	-	+.19ss	-	-	-
Beruf/ Karriere	-.11s	-.15ss	-.24ss	-	-.10	-	-	-

Aufgenommen sind nur Koeffizienten >.10; das Signifikanzniveau der Koeffizienten ist u.a. abhängig von der Zahl der jeweils zugrunde liegenden Fälle, die schwankt.

Jungen und Mädchen unterscheiden sich in Ost und West zwar nur schwach, aber konsistent hinsichtlich ihrer Werthaltungen: So schätzen die Mädchen die postmaterialistischen Werte und die Werte Liebe und Treue durchweg höher ein als die Jungen, die ihrerseits stärker an materialistischen Werten (nur im Westen) und an einer beruflichen Karriere interessiert sind als die Mädchen. Was das Alter und, damit weitgehend parallel laufend, die Höhe des schulischen Bildungsniveaus angeht, ist das Bild nur im Westen einigermaßen deutlich: Mit zunehmendem Alter und mit zunehmender Höhe der Schulbildung steigt für die Jugendlichen die Wertschätzung von Selbstverwirklichung, der postmaterialistischen Werte sowie von Liebe und Treue, während die Orientierung an materialistischen Werten und an einer beruflichen Karriere zurückgeht. Im Osten sind die Zusammenhänge zwischen den Orientierungen und der schulischen und sozialen Herkunft erheblich niedriger, da dort die familiären und schulischen Verhältnisse durch die sozialistische Politik erheblich stärker nivelliert wurden als im Westen.

3. Lebensstile

Lebensstile waren oben als relativ kohärente Verhaltensmuster bezeichnet worden, die von den Jugendlichen unabhängig von konkreten Schul-, Berufs- oder Freizeitsituationen praktiziert werden. Um die Lebensstile der Jugendlichen in West und Ost zu erfassen, haben wir eine Reihe von Behauptungen über mögliche Verhaltensweisen vorgegeben, zu denen die Jugendlichen ihre Zustimmung zum Ausdruck bringen konnten. Die Auswahl der Behauptungen erfolgte erneut in Anlehnung an die Studie von Raffée und Wiedmann (1987, S. 161ff), um Vergleiche mit der Bevölkerung der ehemaligen Bundesrepublik durchführen zu können. Ein Teil der Behauptungen wurde auch den Jugendlichen in der emaligen DDR vorgelegt. Eine faktorenanalytische Aufarbeitung der Daten führte in West wie in Ost zu gleichen Lebensstiltypen, wie sie ähnlich bereits nach Raffée und Wiedmann für die Bevölkerung der ehemaligen Bundesrepublik erkennbar waren. Dabei bleibt jedoch zu bedenken, daß die Auswahl der Verhaltensvorgaben nicht unbedingt das gesamte Spektrum aller möglichen Verhaltensweisen abdeckt, so daß die im folgenden vorzustellenden Lebensstiltypen selektiv bleiben (vgl. Tabelle 36).

Die Faktorenanalyse der insgesamt 11 Lebensstilvariablen ergibt für die Jugendlichen drei klar abgrenzbare Lebensstile, die inhaltlich gut interpretierbar sind:

- Der hedonistische Lebensstil, bei dem die Jugendlichen versuchen, das Leben in erster Linie nach den eigenen Wünschen und Bedürfnissen zu gestalten und es in abwechselungsreicher Form zu genießen, erfährt die mit Abstand höchste Zustimmung. Dieser Befund gilt für die Jugendlichen in Ost und West gleichermaßen, wenn man akzeptiert, daß für die Jugendlichen im Osten nur ein Indikator dieses Lebenstiltyps erhoben wurde. Dieser Lebensstil ergab sich auch in der Studie von Raffée und Wiedmann als dominanter Stil in der Gruppe der 14- bis 19-Jährigen.

- Die zweithöchste Zustimmung findet ein Lebensstil, den man als kleinbürgerlichen, unauffälligen Lebensstil bezeichnen kann. Immerhin stimmen rund 50% der Jugendlichen diesen Verhaltensmustern voll oder überwiegend zu. Gekennzeichnet ist dieser Stil durch ein einfaches und bescheidenes Leben in gleichmäßigen, geordneten Bahnen, in dem die Familie im Mittelpunkt steht.

Tabelle 36: Lebensstile der Jugendlichen in West und Ost

Lebensstile/ Verhaltensweisen	Zustimmung im Westen voll und ganz %	über- wiegend %	eher nicht %	überhaupt nicht %	Mittelwert West x	Ost x
1. "Sozial-politisch aktiver Öko-Stil"						
Ich setze mich aktiv ein für Hilfsbedürftige, Benachteiligte	3	1	40	43	1,8	2,3
Ich bin politisch aktiv	3	12	34	51	1,7	1,7
Ich lebe besonders gesund	2	46	44	8	2,4	-
Ich verhalte mich besonders umweltbewußt	5	50	41	4	2,6	-
2. "Kleinbürgerlicher, unauffälliger Stil"						
Ich führe ein Leben, das in gleichmäßigen, geordneten Bahnen verläuft	6	53	34	8	2,6	2,9
Ich führe ein einfaches und bescheidenes Leben	4	42	44	11	2,4	2,7
Für mich ist das Familienleben das Wichtigste	8	32	40	21	2,3	2,9
3. "Hedonister Stil"						
Ich genieße das Leben in vollen Zügen	22	54	22	2	3,0	-
Ich gestalte mein Leben in erster Linie nach meinen eigenen Wünschen und Bedürfnissen	30	55	13	1	3,1	3,1
Ich führe ein abwechslungsreiches Leben	12	57	29	1	2,8	-

- Eine deutlich niedrigere Zustimmung als der kleinbürgerliche Lebensstil findet ein Lebensstil, den man als sozial-politisch engagiert und ökologisch-gesundheitlich ausgerichtet bezeichnet kann; Die Zustimmungsquoten liegen je nach Indikator nur zwischen 15 und 55%. Hier gehen ein aktiver Einsatz im sozialen Bereich sowie ein Engagement in der Politik mit einer umweltbewußten und gesundheitsorientierten Lebensführung einher. Wenn dabei die Zustimmungsquoten zu den sozialen und politischen Aktivitäten deutlich niedriger ausfallen als die Zustimmung zu der ökologisch-gesunden Lebensform, dürfte das möglicherweise an geringeren konkreten Möglichkeiten zu sozialem und politischem Engagement liegen.

Wenngleich diese Lebensstile in Ost und West gleichermaßen auftauchen, sofern man akzeptiert, daß für die Jugendlichen im Osten nicht auch stets alle im Westen erhobenen Indikatoren vorliegen, gibt es doch einige bemerkenswerte Unterschiede. Der kleinbürgerliche, unauffällige Lebensstil mit einem einfachen und bescheidenen Leben in gleichmäßigen und geordneten Bahnen wird von den Jugendlichen im Osten erheblich häufiger praktiziert als im Westen, was sicherlich nicht verwunderlich ist. Aber auch das soziale Engagement für Hilfsbedürftige und Benachteiligte ist bei den Jugendlichen im Osten erheblich größer als im Westen. Zur Erklärung wird man auf die bisher in der ehemaligen DDR herrschenden Verhältnisse abstellen müssen, wo das Regime erheblich mehr Wert auf Ordnung und Gleichförmigkeit, offiziell aber auch auf Solidarität legte als auf Freiheit, Individualismus und Konkurrenz. Darüberhinaus erzwangen die wirtschaftlichen Verhältnisse ein vergleichsweise einfaches und bescheidenes Leben.

Hier stellt sich erneut die Frage, inwieweit es bezüglich der Lebensstile Unterschiede zwischen Jungen und Mädchen, den Altersgruppen sowie den unterschiedlichen familiären Verhältnissen gibt. Der hedonistische Lebensstil findet sich in Ost und West verstärkt bei den Jungen. Die übrigen schulischen und familären Verhältnisse üben darauf weder im Westen noch im Osten einen nennenswerten Einfluß aus. Der kleinbürgerliche unauffällige Lebensstil wird im Westen von Jungen und Mädchen gleichermaßen gepflegt. Es gibt jedoch deutliche Zusammenhänge zwischen diesem Stil und dem eigenen Bildungsniveau ($r = -.24$ ss): der kleinbürgerliche Lebensstil findet sich vor allem bei Jugendlichen mit relativ niedrigem Bildungsniveau. Im Osten wird dieser Stil eher von Mädchen als von Jungen und eher in sozial schwächeren Gruppen, indiziert durch ein niedriges Haushaltseinkommen und einen niedrigen väterlichen Bildungsstatus, gepflegt. Was den sozial- politisch engagierten, umwelt- und gesundheitsbewußten Lebensstil angeht, so finden wir im Westen deutliche Zusammenhänge zur eigenen Bildung und zur sozialen Herkunft: Jugendliche mit höherer formaler Bildung ($r = +.18$s) und aus oberen gesellschaftlichen Schichten, erneut indiziert durch das Bildungsniveau des Vaters ($r = +.20$ss) und das Haushalteinkommen ($r = +.14$s), pflegen diesen Stil eher als Jugendliche aus unteren sozialen Schichten. Im Osten sind für die vorliegenden Indikatorvariablen dieses Stils erwartungsgemäß keine herkunftsspezifischen Unterschiede erkennbar.

4. Milieus

Kombiniert man die Lebensstile mit den individuellen personen- und gesellschaftsbezogenen Werthaltungen sowie mit erklärungskräftigen Merkmalen der Sozialstruktur, dann erhält man in Ansätzen das, was in der neueren Literatur zur sozialen Ungleichheit Milieus oder Lebensstilgruppen genannt wird (vgl. Hradil 1987, S. 131 oder Gluchowski 1987, S. 28). Dem liegt ein u.a. von Hradil (1983 S. 101ff.) entwickelter Ansatz zugrunde, nach dem es sinnvoll zu sein scheint, Phänomene der sozialen Differenzierung wenigstens auf drei Ebenen zu untersuchen, nämlich den traditionell in der Schicht- und Klassenforschung im Vordergrund stehenden strukturellen Lebensbedingungen, den milieuspezifischen Lebenswelten und den individuellen Lebenslagen. Wenn wir uns hier daran machen, soziale Milieus und ihre wichtigsten sozialstrukturellen Bedingungen zu ermitteln, bleibt zweierlei zu bedenken. Zum einen handelt es sich bei den folgenden Milieus um statistische Konstruktionen, die erst im Rahmen der Datenanalyse über clusteranalytische Verfahren geschaffen werden, nicht aber direkt während der Datenerhebung z.B. über entsprechende Fragen oder über eine teilnehmende Beobachtung gewonnen wurden. Zum zweiten liegen der Analyse von Milieus auf der Basis von Lebensstilen und Werthaltungen bestimmte gesellschaftliche Verhältnisse zugrunde, die für die ehemalige Bundesrepublik und vermutlich für die meisten westlichen Industriegesellschaften Gültigkeit besitzen, vermutlich aber nicht für die ehemalige DDR. Die folgende Analyse gilt daher zunächst auch nur für die Jugendlichen in den westlichen Bundesländern.

Um herauszufinden, welche möglichen Milieus bei den Jugendlichen im Westen zu finden sind, gehen wir in drei Schritten vor: In einem ersten Schritt führen wir eine Faktorenanalyse der Konsumeinstellungen, Werthaltungen und der Lebenstile durch, um herauszufinden, wie Konsumeinstellungen, Werthaltungen und Lebensstile individuell zusammenhängen. In einem zweiten Schritt fragen wir, von welchen sozialstrukturellen Merkmalen (Geschlecht, Alter, Schulbildung und Herkunftsschicht) die Einstellungen, Werthaltungen und die Lebensstile abhängen; hierzu können wir weitgehend auf die bisher vorliegenden Ergebnisse aus den Korrelations-, Regressions- und Pfadanalysen zurückgreifen. Im dritten Schritt werden die Jugendlichen einer Clusteranalyse unterzogen, in der die wichtigste sozialstrukturelle Variable, nämlich die Höhe der eigenen Schulbildung, die grundlegenden personen- und gesellschaftsbezogenen Werte und die Lebensstile gemeinsam berücksichtigt werden. Die Faktorenanalyse, in der die wichtigsten Konsumeinstellungen, die personen- und gesellschaftsbezogenen Werte und die Lebensstile einbezogen werden, ergibt die folgenden vier Orientierungsmuster für die Jugendlichen im Westen:

Faktor 1: "Die sozial-politisch postmaterialistische Orientierung". Diese Orientierung ist gekennzeichnet durch einen sozialpolitischen Lebensstil mit einer Betonung postmaterialistischer Werte sowie der personenbezogenen Werte Selbstverwirklichung, Emanzipation von Autoritäten und Konsumverzicht. Aber auch die Leistungsbereitschaft dieser Jugendlichen ist noch überdurchschnittlich ausgeprägt.

Faktor 2: "Die kleinbürgerliche privatistische Orientierung". In dieser Orientierung verbindet sich ein kleinbürgerlicher Lebensstil mit der Betonung privater Werte wie Liebe und Treue, gute Freunde und Heimatverbundenheit; die Leistungsbereitschaft ist unterdurchschnittlich.

Faktor 3: "Die hedonistische Orientierung". Hier finden wir eine Betonung des hedonistischen Lebenstils mit Werten wie Abenteuer und Abwechslung, Lebensgenuß und Sexualität. Jugendliche mit dieser Orientierung besitzen auf der anderen Seite ebenfalls eine geringe berufliche Leistungsbereitschaft und, wie zu erwarten, eine geringe Bereitschaft zum Konsumverzicht.

Faktor 4: "Die karrierebezogene, leistungsbetonte materialistische Orientierung". Im Vordergrund dieser Orientierung steht eine hohe Leistungsbereitschaft, die sich im Streben nach beruflichem Erfolg ausdrückt. Sie wird begleitet von einer Betonung der materialistischen Werte sowie der klassischen Pflicht- und Akzeptanzwerte.

Die hier vorgelegten vier Orientierungsmuster stellen somit Kombinationen von personen- und gesellschaftsbezogenen Werthaltungen und individuellen Lebensstilen dar, wie sie für die hier untersuchten Jugendlichen offensichtlich typisch sind. Um nun herauszufinden, von welchen sozialstrukturellen Merkmalen diese Orientierungsmuster abhängig sind, haben wir zunächst für jedes Orientierungsmuster eine neue Variable gebildet und sie mit den von uns hier als sozialstrukturelle Bedingungen behandelten Merkmale Geschlecht, Alter, Höhe der Schulbildung und soziale Herkunft, indiziert über das Bildungsniveau der Väter, in Beziehung gesetzt (vgl. Tabelle 37).

Eine sozial-politische postmaterialistische Orientierung finden wir somit vor allem bei den Mädchen, den Älteren, den Jugendlichen mit einer hohen formalen Bildung sowie bei Jugendlichen aus höheren sozialen Schichten. Die kleinbürgerliche privatistische Orientierung findet sich unabhängig von Geschlecht und Alter sowie der sozialen Herkunft überwiegend nur bei Jugendlichen mit einem niedrigen formalen Bildungsniveau. Die karrierebezogene materialistische Orientierung zeigen vor allem Jungen, Jüngere und ebenfalls Jugendliche mit einer relativ niedrigen formalen Bildung. Die hedonistische Orientierung findet sich unabhängig vom Geschlecht, vom Alter, der eigenen und der väterlichen Bildung als grundlegende Orientierung der Jugendlichen.

Tabelle 37: Strukturelle Bedingungen der Orientierungsmuster

Orientierungsmuster	Geschlecht Tau C	Alter Tau C	eigene Bildung Tau C	Bildung Vater Tau C
"Sozialpolitische Orientierung"	+.12s	+.21ss	+.34ss	+.12s
"Kleinbürgerliche Orientierung"	-	-	-.17ss	-
"Karrierebezogene Orientierung"	-.15s	-.11s	-.28ss	-
"Hedonistische Orientierung"	-	-	-	-

Anmerkung: Geschlecht hat die Ausprägungen 1=m., 2=w.; das eigene und das väterliche Bildungsniveau: 1=Hauptschule, 2=Realschule, 3=Gymnasium, 4=Fachhochschule oder Universität.

Tabelle 37 zeigt aber auch, und das ist für die folgende Analyse wichtig, daß das eigene Bildungsniveau sowohl nach der Zahl als auch nach der Höhe der signifikanten Koeffizienten den relativ stärksten Einfluß auf die Orientierungen ausübt. Dieser Befund wird bestätigt, wenn man die Effekte der sozialstrukturellen Merkmale auf alle Konsumverhaltensweisen und Konsumkriterien (vgl. Kap. VI), auf alle Freizeitverhaltensweisen (vgl. Kap. VII), auf das Umweltbewußtsein und das Umweltverhalten (vgl. Kap. VIII) sowie auf die Werthaltungen und Lebensstile (vgl. Kap. IX) rekapituliert: Durchgehend ist der Einfluß des formalen Bildungsniveaus, sowohl an der Zahl als auch an der Stärke der Korrelationskoeffizienten gemessen, am größten. Der zweitstärkste Effekt geht vom Alter aus, der stets in die gleiche Richtung geht wie das Bildungsniveau, aber schwächer ist. Der Alterseffekt ist zwar durchweg mit dem Bildungsniveaueffekt konfundiert, er bleibt in abgeschwächter Form aber bestehen, wenn man das Bildungsniveau kontrolliert. An der dritten Stelle erscheint der Einfluß des Geschlechts. Die soziale Herkunft spielt direkt eine untergeordnete Rolle; sie übt ihren Einfluß jedoch indirekt in der Weise aus, daß mit zunehmender Höhe der elterlichen Bildung auch das formale Bildungsniveau der Jugendlichen ansteigt, wie Tabelle 5 deutlich belegte.

Wenn wir jetzt also über eine Clusteranalyse soziale Milieus ermitteln wollen, müssen wir neben den grundlegenden Werthaltungen und Lebensstilen vor allem die Höhe der formalen Bildung berücksichtigen. In der Clusteranalyse geht es darum, die Gesamtheit der Jugendlichen so in Milieu-Cluster aufzuteilen, daß die Jugendlichen in den einzelnen Milieus hinsichtlich der Werthaltungen, Lebensstile und Bildungshöhe möglichst homogen und zwischen den Milieus möglichst heterogen sind. Aus Gründen der Vereinfachung werden wir in dieser Analyse nur die folgenden Merkmale berücksichtigen:

- die postmaterialistischen Werte (Postmat),
- die materialistischen Werte (Mat),
- die Selbstverwirklichungswerte (Selbstver),
- die Pflicht- und Akzeptanzwerte (Pflicht u.Akzept),
- den sozial-politischen Lebensstil (Sozstil),
- den kleinbürgerlichen Lebensstil (Bürgstil),
- den hedonistischen Lebensstil (Hedstil) und
- das formale Bildungsniveau (Bild.niveau).

Das Ergebnis der Clusteranalyse zeigt Tabelle 38 in Form von Gruppenmittelwerten (vgl. Tabelle 38).

Tabelle 38: Clusteranalyse jugendlicher Milieus im Westen

Milieus	Merkmale Mat.	Post-mat.	Selbst-verw.	Pflicht u. Akzept	Soz.-Stil	Bürg.-Stil	Hed.-Stil	Bild. niveau
	Gruppenmittelwerte							
"Sozial-politisch engagiert. postmat. Milieu" (=36% aller Fälle)	1.5	3.0	3.3	1.8	2.9	2.0	1.9	3.3
"kleinbürgerl. pflichtbetontes mater. Milieu" (=32% aller Fälle)	3.3	2.3	2.3	3.1	2.5	3.3	2.0	2.2
"Hedonistisches Milieu" (=23% aller Fälle)	2.8	2.0	2.8	1.8	1.6	1.6	2.3	2.5

Anmerkung: Die Clusteranalyse ist nur für Schüler durchgeführt (n=141); die Mittelwertdifferenzen sind nach einer Varianzanalyse wenigstens auf dem 95%-Niveau signifikant.

Es lassen sich drei verschiedene Milieus erkennen, die sich auf allen hier untersuchten Dimensionen deutlich unterscheiden.

1. Das "sozial-politisch engagierte, postmaterialistisch orientierte Milieu". In diesem Milieu finden wir vor allem ältere Jugendliche aus Gymnasien und Hochschulen. Hier werden, wie auch der Name schon sagt, vor allem die postmaterialistischen Werte bevorzugt; Selbstverwirklichung und Emanzipation stehen hoch im Kurs. Die Jugendlichen sind sozial und politisch stark engagiert, besitzen ein hohes Bewußtsein für Umweltprobleme und verhalten sich entsprechend umweltbewußt. Die materialistische Orientierung ist in diesem Milieu sehr gering, auch die traditionellen Pflicht- und Akzeptanzwerte werden nur unterdurchschnitt-

lich befürwortet. Nimmt man die Ergebnisse der früheren Korrelationsanalysen hinzu, dann erscheinen diese Jugendlichen stark kulturell engagiert, gehen in ihrer Freizeit häufiger als andere in Theater und Konzerte und geben auch für kulturelle Zwecke mehr Geld aus.

2. Das "kleinbürgerliche, pflichtbetonte und materialistisch orientierte Milieu". In diesem Milieu finden wir vor allem Jugendliche mit Hauptschulbildung, die ein eher gleichmäßiges und geordnetes Leben führen. Für dieses Milieu sind einerseits die Werte Familie, Liebe und Treue, andererseits die klassischen Pflicht- und Akzeptanzwerte wie Höflichkeit, Disziplin und Unterordnung von Bedeutung. In diesem Milieu stehen weiterhin der berufliche Erfolg und die damit verbundenen materiellen Gratifikationen im Vordergrund. In ihrer Freizeit tendieren diese sozial und politisch wenig engagierten Jugendlichen entweder zum Faulenzen und Sich-Berieselnlassen, wenn eine privatistische Orientierung dominiert, oder zu sportlichen Aktivitäten, wenn eine berufliche Erfolgsorientierung dominiert. Rauschmittel werden in diesem Milieu unterdurchschnittlich stark konsumiert.
3. Das "hedonistische Milieu" findet sich nach den hier vorliegenden Daten schwerpunktmäßig bei Jugendlichen mit mittlerer schulischer Bildung, also etwa Realschulbildung. Wie die früheren Analysen zeigten, sind Hedonisten aber auch auch bei Hauptschülern, Gymnasiasten und bei Hochschülern anzutreffen. Für die Jugendlichen dieses Milieus ist, wie der Name schon sagt, typisch, daß sie ihr Leben in vollen Zügen genießen wollen. Dazu gehören Abenteuer und Abwechslung, Sex und Erotik. Hinsichtlich der postmaterialistischen oder der materialistischen Werthaltungen, aber auch der Selbstverwirklichungswerte sind sie eher als indifferent zu bezeichnen. Jugendliche dieses Milieus verbringen ihre Freizeit am liebsten mit Freunden und Bekannten außerhause; der Konsum von Rauschmitteln wie Alkohol, Zigaretten oder Drogen ist in diesem Milieu stark überdurchschnittlich.

Der Versuch, bei den Jugendlichen im Osten ähnliche Milieus zu finden, scheitert, wenn man die Milieubildung auf der Basis der oben genannten Werthaltungen, Lebensstile und auf der Basis des Bildungsniveaus versucht. Wie bereits erwähnt, korrelieren im Osten Postmaterialismus und Materialismus genauso positiv miteinander wie die Selbstverwirklichungswerte und die Pflicht- und Akzeptanzwerte. Diese Werte sind damit nicht in der Lage, wie im Westen zwischen verschiedenen sozialen Milieus zu differenzieren. Hinzu kommt, daß das schulische Bildungsniveau der Jugendlichen im Osten keinerlei Einfluß auf ihre Werthaltungen und Lebensstile besitzt; auch die soziale Herkunft, indiziert über das Bildungsniveau der Eltern, spielt hier keine Rolle. Sofern Unterschiede in den Werthaltungen und Lebensstilen zu beobachten sind, bestehen sie überwiegend zwischen Jungen und Mädchen. Der folgende Versuch einer Milieubildung mittels Clusteranalyse berücksichtigt daher auch das Geschlecht als sozialstrukturelle Variable (vgl. Tabelle 39).

Tabelle 39: Clusteranalyse jugendlicher Milieus im Osten

Milieus	Merkmale Postmat	 Liebe	 Sozstil	 Bürgstil	 Geschlecht
	Mittelwerte				
"Mädchentypisches Milieu" (=41% aller Fälle)	2.2	2.8	2.5	1.7	1.6
"Jungentypisches Milieu" (=59% aller Fälle)	1.7	2.1	1.5	1.4	1.4

Anmerkung: die Clusteranalyse wurde für alle Jugendlichen durchgeführt (n=131); alle Mittelwertdifferenzen sind nach einer Varianzanalyse mindestens auf dem 99%-Niveau signifikant.

Im "Mädchentypischen Milieu" finden wir überwiegend Mädchen (aber auch einige Jungen, sonst wären hier wenigstens 50% aller Fälle zu erwarten gewesen!) mit einer sowohl postmaterialistischen Orientierung als auch einer Orientierung an Werten wie Liebe, Treue und Familie. Zur Orientierung an postmaterialistischen Werten gehört dann auch ein sozial- und politisch engagierter Lebensstil; zur Orientierung an Liebe, Treue und Familie paßt der bereits bei Mädchen früher festgestellte eher kleinbürgerliche Lebensstil, in dem ein einfaches und bescheidenes sowie gleichmäßiges Leben in geordneten Bahnen geführt wird.

Das "Jungentypische Milieu" ist rein formal dadurch gekennzeichnet, daß vor allem die Jungen in diesem Milieu auf allen Dimensionen erheblich niedriger liegen. Inhaltlich bedeutet das, daß ihre Bindung sowohl an postmaterialistische als auch an familiäre Werte erheblich niedriger ist als bei den Mitgliedern des für Mädchen typischen Milieus. Auch zeigen sie ein erheblich niedrigeres soziales und politisches Engagement; statt dessen führen sie ein abwechselungsreicheres und eher in Richtung Hedonismus gehendes Leben.

5. Vertikale Schichten oder horizontale Milieus?

Die in West und Ost unterschiedliche Prägung der sozialen Milieus durch das Bildungsniveau einerseits und das Geschlecht andererseits dürfte nicht zuletzt auf die unterschiedlichen Verhältnisse, speziell die Bildungsverhältnisse in West und Ost zurückzuführen sein. Im Westen führt das in Haupt- und Realschulen sowie in Gymnasien gegliederte Schulsystem zur Differenzierung der jugendlichen Milieus unter vertikalem Aspekt. Das gegliederte Schulsystem reproduziert damit nicht nur vertikale soziale Ungleichheit, sondern produziert sie auch (vgl. u.a. Rolff 1967, Hurrelmann 1975, Klemm, Rolff, Tillmann 1985, Lange 1986). Die eingangs aufgestellte These, daß sich in der ehemaligen Bundesrepublik die sozialen Schichten auflösen und durch nach verschiedenen Wertmaßstäben horizontal gebildete soziale Milieus ersetzt werden, kann bei aller Vorsicht hinsichtlich des Konstruktcharakters der hier gewonnenen Milieus, auf der Basis der vorliegenden Daten nicht bestätigt werden. Im Gegenteil sprechen vor allem die überall aufgefundenen starken Zusammenhänge zwischen Konsumverhaltensweisen, Freizeitverhaltensweisen, Einstellungen, Werthaltungen und sozialen Milieus einerseits und der Höhe des eigenen formalen Bildungsniveaus für eine Dominanz vertikaler Strukturen.

In der ehemaligen DDR galt bisher das Einheitsschulsystem, das weitgehend einem Gesamtschulsystem im Westen entspricht. Wenngleich auch hier Bildungsniveauunterschiede existieren, spielen sie für die Werthaltungen, Lebensstile, aber auch für die in dieser Studie abgefragten jugendlichen Verhaltensweisen nur eine untergeordnete Rolle. Statt dessen finden sich Differenzen, die vor allem an der Geschlechtszugehörigkeit anknüpfen. Es ist jedoch zu vermuten, daß sich mit der Einführung des gegliederten Schulsystems in den fünf neuen Bundesländern in Zukunft auch die Einstellungen, Werthaltungen, Lebensstile und Verhaltensweisen der Jugendlichen denen im Westen angleichen mit der Folge, daß sich auch hier die vertikale Differenzierung zwischen den Jugendlichen verstärkt.

X. Literaturverzeichnis

Adlwarth, W., Formen und Bestimmungsgründe prestigegeleiteten Konsumverhaltens, München 1983

Bergler, R. (Hg.), Marktpsychologie, Bern, Stuttgart, Wien 1972

Biervert, B., Einstellungen und Verhalten Jugendlicher im Bereich des Konsums, in: Reimann, H. u. H. (Hg), Die Jugend, Opladen 1987, S. 92-111

Blücher, V., Jugend - Bildung und Freizeit, Bielefeld 1966

Blücher, V., Jugend zwischen 13 und 24, Vergleich über 20 Jahre, Bielefeld 1975

Bolte, K. M, Hradil, S., Soziale Ungleichheit, Opladen 1984

Bravo (Hg.), Marktfaktor Jugend. Bereich Ernährung, München 1981

Bravo (Hg.), Marktfaktor Jugend. Bereich Köperpflege und Kosmetik, München 1982

Fuchs, W., Jugend als Lebenslaufphase, in: Jugendwerk der Deutschen Shell (Hg.), Jugendliche und Erwachsene '85, Bd. 1, Opladen 1985, S. 195-263

Fürstenberg, F., Wirtschaftssoziologie, Berlin 1970

Gesellschaft für Konsumforschung (GFK), Marktsegment Jugend (Ergänzung 1977), Nürnberg 1977 (Ms.)

Gluchowski, P., Lebensstile und Wandel der Wählerschaft in der Bundesrepublik Deutschland, in: Aus Politik und Zeitgeschichte 12/1987, S. 18-23

Haller, M., Sozialstruktur und Schichtungshierarchie im Wohlfahrtsstaat. Zur Aktualität des vertikalen Paradigmas der Ungleichheitsforschung, Zeitschrift für Soziologie, 15 (1986), S. 167-187

Heinemann, K., Probleme der Konstituierung einer Wirtschaftssoziologie, in: Ders. (Hg.), Soziologie wirtschaftlichen Handelns, Sonderheft 28/1987 der KZfSS, Opladen 1987, S. 7-39

Hirsch, F., Die sozialen Grenzen des Wachstums, Reinbek 1980

Hurrelmann, K.u.a., Info für Jugendliche und Erwachsene über die Befragungen in Bielefeld, Essen und im Kreis Lippe, Bielefeld, Mai 1990

Hurrelmann, K., Erziehungssystem und Gesellschaft, Reinbek 1975

Inglehart, R., The silent revolution, Princeton 1977

Jugendwerk der Deutschen Shell (Hg.), Jugend zwischen 13 und 24 - Vergleich über 20 Jahre, Hamburg 1975

Jugendwerk der Deutschen Shell (Hg.), Jugend '81. Lebensentwürfe, Alltagskulturen, Zukunftsbilder, Opladen 1982

Jugendwerk der Deutschen Shell (Hg.), Jugendliche und Erwachsene `85. Generationen im Vergleich, Opladen 1985

Kleining, G., Soziale Mobilität in der Bundesrepublik Deutschland, 2. Teil: Status- und Prestigemobilität, KZfSS 27 (1975), S.273-292

Klemm, K., Rolff, H.-G., Tillmann, K.-J., Bildung für das Jahr 2000. Bilanz der Reform, Zukunft der Schule, Reinbek 1985

Krause, D., Schäuble, G., Jenseits von Klasse und Schicht, Stuttgart 1988

Kreckel, R., Theorie sozialer Ungleichheiten im Übergang, in: Ders. (Hg.), Soziale Ungleichheiten, Sonderband 2 Soziale Welt, Göttingen 1983, S. 3-14

Lange, E., Berufswahl, München 1978

Lange, E., Soziologie des Erziehungswesens, Stuttgart 1986

Lange, E., Marktwirtschaft, Opladen 1989

Lange, E., Gegenwartsgesellschaften: Bundesrepublik Deutschland. Die Wirtschafts- und Sozialstruktur der Bundesrepublik, Stuttgart 1990

Leibenstein, H., Bandwagon, snob and Veblen effects in theory of consumers` demand, Quarterly Journal of Economics 44 (1950), S.183-207

Lüdtke, Hartmut, Jugendliche in ihrer Freizeit: Interessen und Verhalten, in: Nave-Herz, R., Markefka, M. (Hg.), Handbuch der Familien- und Jugendforschung, Neuwied 1989, Bd. 2, S. 635-646

McGregor, D.M., The human side of enterprise, New York 1960

Meffert, H., Windhorst, K.-G., Sieben "Werte-Typen" auf der Spur, in: Absatzwirtschaft 9/1984, S. 16-124

Müller, W., Bildung und Mobilitätsprozeß - Eine Anwendung der Pfadanalyse, Zeitschrift für Soziologie, 1/1972, S. 65-84

Raffée, H., Wiedmann, K.-P., Dialoge 2: Konsequenzen für das Marketing, Hamburg 1987 (s. auch: Stern, Hg.)

Raffée, H., Wiedmann, K.-P., Dialoge 2: Der Bürger im Spannungsfeld von Öffentlichkeit und Privatleben, Hamburg 1986

Rolff, H.-G., Sozialisation und Auslese durch die Schule, Heidelberg 1967

Rosenmayr, L., Köckeis, E., Kreutz, H., Eltern und Gleichaltrige als Faktoren sozialen Einflusses bei Jugendlichen und jungen Erwachsenen, in: Wurzbacher, G. (Hg.), Die Familie als Sozialisationsfaktor, Stuttgart 1968

Scharmann, D., Konsumverhalten von Jugendlichen, München 1965

Scharmann, D., Freizeit- und Konsumverhalten junger Arbeiter, in: Scharmann, T., Roth, E. (Hg.), Vom Proletarier zum Industriebürger, Bern, Stuttgart 1976, S. 79-112

Schnibben, C., Verflucht, sind wir alle Hedonisten?, Die Zeit 52 vom 19.Dez. 1986, S. 60

Sinus-Institut, 5 Millionen Deutsche: "Wir sollten wieder einen Führer haben...", Reinbek 1981

Sinus-Institut, Die verunsicherte Generation - Jugend und Wertwandel, Opladen 1983

Sinus-Institut, Jugendforschung in der Bundesrepublik, Opladen 1984

Sinus-Institut, Jugend privat. Verwöhnt? Bindungslos? Hedonistisch?, Opladen 1985

Statistisches Amt der Stadt Bielefeld, Statistisches Jahrbuch der Stadt Bielefeld 1987, Bielefeld 1988

Statistisches Amt der Stadt Wittenberg, Verteilung der Wohnbevölkerung, Wittenberg 1990 (unveröffentlicht)

Statistisches Bundesamt (Hg.), Zur Situation der Jugend in der Bundesrepublik Deutschland, Mainz 1984

Statistisches Bundesamt, Statistisches Jahrbuch 1988 für die Bundesrepublik Deutschland, Stuttgart, Mainz 1988

Stern (Hg.), Dialoge 2, 5 Bde., Hamburg 1986/1987

Streissler, E. und M. (Hg.), Konsum und Nachfrage, Köln, Berlin 1966

Swoboda, W. H., Jugend und Freizeit, Erkrath 1987

Vascovics, L. A., Schneider, N. F., Ökonomische Ressourcen und Konsumverhalten, in: Nave-Herz, R., Markefka, M. (Hg.), Handbuch der Familien- und Jugendforschung, Neuwied 1989, Bd. 2, S. 403-418

Veblen T., The theory of the leasure class, New York 1899

Wiedmann, K.-P., Raffée, H., Gesellschaftsbezogene Werte, persönliche Lebenswerte, Lebens- und Konsumstile der Bundesbürger, Mannheim 1986, Arbeitspapier Nr. 46

Wiedmann, K.-P., Herausforderungen an eine marktorientierte Unternehmensführung im Zeichen des Wertewandels, Mannheim 1984, Arbeitspapier Nr.31

XI. Anhang

1. Dimensionale Analyse

Um das theoretische Modell zum Jugendkonsum empirisch überprüfen zu können, müssen die individuellen Konsumverhaltensweisen, ihre individuellen und sozialstrukturellen Bedingungen in Einzeldimensionen zerlegt werden. Die folgende Übersicht folgt der Gliederung dieses Modells; die Operationalisierung ist im nachfolgenden Fragebogen dargestellt.

A. Individuelles Konsumverhalten

1. Gegenwärtiger Güterkonsum
   Umfang der monatlichen Verbrauchsausgaben jeweils für Bücher, Freizeitartikel, Kinobesuche, Theaterbesuche, Nahrungsmittel, Schallplatten, Cassetten, Zigaretten, Alkohol, Drogen, Zeitschriften, Kleidung, Süßigkeiten, Kosmetik, Gesundheit, Gaststättenbesuche, Diskobesuche, Hobbies, Reisen, Geschenke, Spielwaren, Einrichtungsgegenstände, Sportveranstaltungen, Blumen, Schmuck, Pflanzen, Fahrrad, Mofa, Moped, Auto, Spenden.
2. Bisheriger Güterkonsum und
3. gewünschter zukünftiger Güterkonsum
   Besitz von bzw. Wunsch nach Auto, Radio, Fernseher, Musikanlage, CD-Player, Motorrad, Moped, Mofa, Fahrrad, Walkman, Lederjacke, Computer, Videogerät, Videokamera, Fotoapparat, Filmkamera, Musikinsturment, echter Schmuck.
4. Freizeit
   - Umfang des Diskothekenbesuchs,
   - Art der besuchten Diskotheken
   - Einschätzung der Diskotheken,
   - Umfang des Konzertbesuchs,
   - Art der besuchten Konzerte,
   - Umfang des Kinobesuchs,

- Ausleih von Viedeofilmen,
- Art der ausgeliehenen Videofilme,
- Besuch von Sportveranstaltungen,
- Art der Freizeitgestaltung allgemein (nach zahlreichen Dimensionen aufgeschlüsselt).

5. Printmediennutzung
   - Umfang der regelmäßigen Lektüre von
     ADAC, Stern, Bravo, Spiegel, Brigitte, Neue Revue, Tina, Freundin, Bunte, Motorrad, Auto, Motor und Sport, Kicker, Quick, Rocky, Petra, Carina, Nicole, Tempo, Wiener, Esquire, Cosmopolitan, SPEX.
   - Umfang der Lektüre regionaler Tageszeitungen,
   - Umfang der Lektüre überregionaler Tageszeitungen.
6. Sparen
   - Anteile der Ersparnisse an den regelmäßigen Einkünften,
   - Art des Sparens.

B. Individuelle Konsumbedingungen

1. individuelle Präferenzen/Nutzenargumente bezogen auf den Kauf einer Jacke, eines Fahrzeugs, einer Stereoanlage und einer Schallplatte wurde jeweils die Bedeutung der folgenden Nutzenargumente erhoben:
   - Qualität,
   - modische Aktualität,
   - Höhe des Preises,
   - Ausgefallenheit,
   - Preis-Leistungs-Verhältnis,
   - persönliches Gefallen,
   - Marke,
   - Geschäft,
   - Extravaganz,
   - Eindruck bei Freunden.

   Bei einigen der o.g. Güter wurde zusätzlich gefragt nach:
   - Schnelligkeit,
   - Umweltfreundlichkeit,
   - Bedienungsfreundlichkeit,
   - Kundendienst,
   - Leistung.

   Bezogen auf den Kauf einer Lederjacke als "Positionsgut" wurden Kriterienmuster erhoben; die folgenden Kriterien wurden in unterschiedlichen Ausprägungen kombiniert:
   - persönliches Gefallen,
   - Eindruck bei Freunden,

- Extravaganz/Mode,
- Preisgünstigkeit.
2. Individuelle Restriktionen
   - Höhe der monatlichen Einkünfte,
   - Herkunft der monatlichen Einkünfte,
   - Höhe der monatlich frei verfügbaren Einkünfte,
   - Einflußnahme der Eltern auf das Ausgabeverhalten.
3. allgemeine Konsumeinstellungen
   - Sparsamkeit,
   - Qualitätsbewußtsein,
   - Preisbewußtsein,
   - Modebewußtsein,
   - Umweltbewußtsein,
   - Second-hand-Bewußtsein,
   - Markenbewußtsein,
   - Firmenbewußtsein,
   - Konsumverzichtsbereitschaft,
   - Snobismus,
   - Umgang mit Geld.
4. persönliche Werthaltungen und Lebensstile
   Bei den Werthaltungen wurden erhoben:
   - persönliche Werthaltungen (Liebe, Treue, Kinder, Heimatverbundenheit, Aussehen, Glaube an Gott, Freunde, Bildung, Sexualität, Humor),
   - berufliche Werthaltungen (Berufsidentifikation, Einkommen, Arbeitsplatz, Aufstiegsmöglichkeiten, Ansehen, Entscheidungsbefugnisse, Hilfsmöglichkeiten),
   - Pflichtwerte (Höflichkeit, Disziplin, Pflichterfüllung, Fleiß, Bescheidenheit, Pünktlichkeit, Anpassungsbereitschaft),
   - Selbstentfaltungswerte (Emanzipation, Mitbestimmung, Abenteuer und Abwechselung, Genuß, Selbstverwirklichung, Selbständigkeit, Kreativität).

   Bei den Lebensstilen, die in Anlehnung an die Studie Dialoge benannt werden, wird auf die folgenden Dimensionen abgestellt:
   - Lebens"hygiene",
   - Leben ist Arbeit,
   - Gegenwartsbezug,
   - Aufwendiger vs. bescheidener Lebensstil,
   - Hedonismus/Erlebnisdrang,
   - gesellschaftspolitisches Engagement.
5. allgemeine gesellschaftliche Werthaltungen

Die allgemeinen gesellschaftlichen Werthaltungen werden zum einen in Anlehnung an die Materialismus-Postmaterialismus-Skala von Inglehart formuliert, sie beziehen sich zum anderen auf verschiedene Politikbereiche:
- Materialismus,
- Postmaterialismus,
- wirtschaftspolitische Ziele,
- umweltpolitische Ziele,
- gesundheitspolitische Ziele,
- sozialpolitische Ziele.

6. Geschlechtsspezifische Einstellungen und
7. altersspezifische Einstellungen
   Zu diesen Komplexen werden jeweils nur das Geschlecht bzw. das Alter als Indikatoren direkt erhoben; eine weitere Differenzierung erfolgt nicht.

C. Sozialstrukturelle Konsumbedingungen

1. Familiensituation
   - Wohnverhältnisse der Eltern,
   - eigene Wohnverhältnisse im elterlichen Haus,
   - Bildungsstatus der Eltern,
   - Berufsstatus der Eltern,
   - Einkommensverhältnisse der Eltern bzw. des Haushaltes,
   - Konsumerziehung durch die Eltern (Umfang des Taschengeldes, Verfügbarkeit des Taschengeldes, Sparerziehung, Preiserziehung, Beratung in Konsumfragen).
2. Organisationsmitgliedschaft
   - sozialer Status (Schule, Ausbildung, Beruf, Sonstiges),
   - Bildungsniveau,
   - Art der Berufsausbildung,
   - Art der Berufstätigkeit.
3. Peergruppeneinbindung
   - Größe des Freundeskreises,
   - alters- und geschlechtsspezifische Zusammensetzung des Freundeskreises,
   - Art/Besonderheit des Freundeskreises,
   - Konsumausrichtung des Freundeskreises.
4. Vereinszugehörigkeit
   - Konfession/Kirchenzugehörigkeit,
   - Mitgliedschaft in kirchlich-weltanschaulichen Freizeitgruppen,
   - Mitgliedschaft in Parteien/Gewerkschaften,

- Mitgliedschaft in Sportvereinen,
- Mitgliedschaft in musikalischen Vereinigungen,
- Mitgliedschaft in neuen sozialen Bewegungen.

5. Wirtschaftswerbung
   - Umfang der Wahrnehmung von Fernsehwerbung,
   - Umfang der Wahrnehmung von Rundfunkwerbung,
   - Umfang der Wahrnehmung von Werbung in Zeitungen und Zeitschriften,
   - Einfluß der Werbung auf Kaufentscheidungen.

2. Fragebogen zum Jugendkonsum

UNIVERSITÄT BIELEFELD

Bielefeld, Januar 1989

FAKULTÄT FÜR SOZIOLOGIE

PROJEKTGRUPPE JUGENDKONSUM

Prof. Dr. Elmar Lange

Karte lfd. Nr.

1 _ _ _

Fragebogen zum Jugendkonsum

Gesprächseinleitung des Interviewers:

Ich komme von der Fakultät für Soziologie der Universität Bielefeld. Wir führen dort ein Forschungsprojekt durch, das sich mit Konsum– und Freizeitverhaltensweisen von Jugendlichen beschäftigt. In diesem Zusammenhang möchten wir Dich/Sie bitten, uns einige Fragen zu beantworten.

Ich versichere, daß die Untersuchgung den Vorschriften des Datenschutzgesetzes genügt; Die Erhebungen und Auswertungen erfolgen völlig anonym, an keiner Stelle werden Namen erhoben und den Fragen hinzugefügt.

Als kleine Entschädigung für die Teilnahme an dieser Befragung, die etwa 45 Minuten dauern wird, laden wir Dich/Sie ein, im Frühjahr an einer Führung durch die Universität Bielefeld teilzunehmen.

Name des Interviewers:..

1. **Angenommen, Du wolltest Dir für den Alltagsgebrauch eine neue Jacke kaufen und hättest hierzu auch das nötige Geld. Wie wichtig wären Dir dabei die folgenden Dinge; wären sie sehr wichtig, wichtig oder eher unwichtig?**
(Interviewer: Liste überreichen!)

	sehr wichtig	wichtig	eher unwichtig	
eine gute Qualität	3 ----	2 ----	1	(5)
die Jacke sollte modisch sein	3 ----	2 ----	1	(6)
ein möglichst niedriger Preis	3 ----	2 ----	1	(7)
die Jacke sollte auf jeden Fall etwas Besonderes sein	3 ----	2 ----	1	(8)
das Preis–Leistungsverhältnis sollte stimmen	3 ----	2 ----	1	(9)
die Jacke sollte vor allem mir gefallen	3 ----	2 ----	1	(10)
die Jacke sollte von einer besonderen Marke sein	3 ----	2 ----	1	(11)
die Jacke müßte aus einem besonderen Geschäft stammen	3 ----	2 ----	1	(12)
die Jacke sollte auffällig und extravagant sein	3 ----	2 ----	1	(13)
die Jacke sollte vor allem bei meinen Freunden und Bekannten Eindruck machen	3 ----	2 ----	1	(14)

2. **Angenommen, Du wolltest Dir ein neues Fahrzeug (Moped oder Auto) kaufen und hättest hierzu auch das nötige Geld. Welches Fahrzeug würdest Du Dir zulegen?**
("Ich würde mir ein .... kaufen.")
Wie wichtig wären Dir dabei die folgenden Dinge?
(Interviewer: Liste übergeben!)

	sehr wichtig	wichtig	eher unwichtig	
Schnelligkeit und Sportlichkeit	3 ----	2 ----	1	(15)
seltene Marke bzw. Modell	3 ----	2 ----	1	(16)
Umweltfreundlichkeit	3 ----	2 ----	1	(17)
neuestes Modell	3 ----	2 ----	1	(18)
besondere Ausstattung	3 ----	2 ----	1	(19)
vergleichsweise teure Marke	3 ----	2 ----	1	(20)
das Fahrzeug sollte vor allem mir gefallen	3 ----	2 ----	1	(21)
besonders schlicht und bescheiden	3 ----	2 ----	1	(22)
gute Qualität	3 ----	2 ----	1	(23)
ein möglichst niedriger Preis	3 ----	2 ----	1	(24)
das Fahrzeug sollte vor allem bei meinen Freunden und Bekannten Eindruck machen	3 ----	2 ----	1	(25)

3. **Nehmen wir weiter an, Du wolltest Dir eine neue Stereoanlage kaufen und hättest hierzu auch ausreichend Geld. Wie wichtig wären dann die folgenden Dinge?**
(Interviewer: Liste übergeben!)

	sehr wichtig	wichtig	eher unwichtig	
Hi-Fi-Qualität	3 ----	2 ----	1	(26)
die Marke	3 ----	2 ----	1	(27)
die äußere Ausstattung	3 ----	2 ----	1	(28)
der zu erwartende Kundendienst	3 ----	2 ----	1	(29)
ein möglichst niedriger Preis	3 ----	2 ----	1	(30)
neuestes Modell	3 ----	2 ----	1	(31)
einfache Bedienung und Handhabung	3 ----	2 ----	1	(32)
daß die Anlage meinen Freunden und Bekannten gefällt	3 ----	2 ----	1	(33)
ein ausgewogenes Preis-Leistungsverhältnis	3 ----	2 ----	1	(34)
ein seltenes, ausgefallenes Modell	3 ----	2 ----	1	(35)
die Watt-Leistung	3 ----	2 ----	1	(36)
daß die Anlage mir persönlich gefällt	3 ----	2 ----	1	(37)

4. Und jetzt stell Dir einmal vor, Du möchtest Dir eine neue Schallplatte oder CD kaufen. Wie wichtig wären Dir dann die folgenden Dinge?
(Interviewer: Liste übergeben!)

	sehr wichtig		wichtig		eher unwichtig	
die Qualität	3	----	2	----	1	(38)
ein niedriger Preis	3	----	2	----	1	(39)
die Aktualität	3	----	2	----	1	(40)
daß die Platte meinen Freunden und Bekannten gefällt	3	----	2	----	1	(41)
die Musikrichtung	3	----	2	----	1	(42)
die Exklusivität und Seltenheit der Aufnahme	3	----	2	----	1	(43)
ein ausgewogenes Preis-Leistungsverhältnis	3	----	2	----	1	(44)
daß die Platte mir persönlich gefällt	3	----	2	----	1	(45)

5. **Im folgenden habe ich eine Liste mit Dingen, für die man sein Geld ausgeben kann. Sag mir bitte, ob Du für diese Dinge im Monat eher viel, nicht so viel oder fast gar nichts ausgibst!**
(Interviewer: Liste vorlegen!)

	eher viel		nicht so viel		fast nichts	
Bücher	3	----	2	----	1	(46)
Freizeitartikel	3	----	2	----	1	(47)
Kinobesuche	3	----	2	----	1	(48)
Theaterbesuche	3	----	2	----	1	(49)
Nahrungsmittel	3	----	2	----	1	(50)
Schallplatten/Cassetten	3	----	2	----	1	(51)
Zigaretten	3	----	2	----	1	(52)
Alkohol	3	----	2	----	1	(53)
Drogen	3	----	2	----	1	(54)
Zeitschriften	3	----	2	----	1	(55)
Kleidung	3	----	2	----	1	(56)
Süßigkeiten	3	----	2	----	1	(57)
Kosmetik	3	----	2	----	1	(58)
Gesundheit	3	----	2	----	1	(59)
Gaststättenbesuche	3	----	2	----	1	(60)
Diskobesuche	3	----	2	----	1	(61)
Hobbies	3	----	2	----	1	(62)
Reisen	3	----	2	----	1	(63)
Geschenke	3	----	2	----	1	(64)
Spielwaren	3	----	2	----	1	(65)

	eher viel		nicht so viel		fast nichts		
Einrichtungsgegenstände	3	----	2	----	1	(66)	
Sportveranstaltungen	3	----	2	----	1	(67)	
Schmuck	3	----	2	----	1	(68)	
Blumen, Pflanzen	3	----	2	----	1	(69)	
Fahrrad/Mofa/Moped/Auto	3	----	2	----	1	(70)	
Spenden	3	----	2	----	1	(71)	

6. Im folgenden habe ich eine Liste mit verschiedenen Gebrauchsgegenständen. Sage mir bitte zunächst, welche Du besitzt!
(Interviewer: Liste übergeben!)

	ja		nein	Spalte	Verweis
Auto	2	--------	1	(72)	
Radio	2	--------	1	(73)	
Fernseher	2	--------	1	(74)	
Musikanlage	2	--------	1	(75)	
CD-Player	2	--------	1	(76)	
Motorrad	2	--------	1	(77)	
Moped	2	--------	1	(78)	
Mofa	2	--------	1	(79)	
Fahrrad	2	--------	1	(80)	Karte 2 (1)
Walkman	2	--------	1	(2)	
Lederjacke	2	--------	1	(3)	
Computer	2	--------	1	(4)	
Videogerät	2	--------	1	(5)	
Videokamera	2	--------	1	(6)	
Fotoapparat	2	--------	1	(7)	
Filmkamera	2	--------	1	(8)	
echter Schmuck	2	--------	1	(9)	
Musikinstrument	2	--------	1	(10)	

7. Und welche Dinge, die Du noch nicht hast, möchtest Du gerne haben und welche Dir sind eher unwichtig?

(Interviewer: noch einmal die Liste durchgehen!)

	gerne		eher un–wichtig	
Auto	2	--------	1	(11)
Radio	2	--------	1	(12)
Fernseher	2	--------	1	(13)
Musikanlage	2	--------	1	(14)
CD–Player	2	--------	1	(15)
Motorrad	2	--------	1	(16)
Moped	2	--------	1	(17)
Mofa	2	--------	1	(18)
Fahrrad	2	--------	1	(19)
Walkman	2	--------	1	(20)
Lederjacke	2	--------	1	(21)
Computer	2	--------	1	(22)
Videogerät	2	--------	1	(23)
Videokamera	2	--------	1	(24)
Fotoapparat	2	--------	1	(25)
Filmkamera	2	--------	1	(26)
echter Schmuck	2	--------	1	(27)
Musikinstrument	2	--------	1	(28)

8. Und wie stehen Deine Eltern zu Deinen Wünschen insgesamt? Unterstützen sie Dich dabei, ist es ihnen gleichgültig oder sind sie eher dagegen?

Meine Eltern unterstützen meine Wünsche	1	(29)	
Es ist ihnen gleichgültig	2		
Meine Eltern sind zumeist dagegen	3		
unterschiedlich	4		

9. Und wenn Du Dich hinsichtlich dieser Gegenstände einmal in Deinem Freundes– und Bekanntenkreis umsiehst; hast Du da eher mehr, genau so viel oder eher weniger als Deine Freunde?

Ich habe mehr	3	(30)
genau so viel	2	
habe weniger	1	

10. Wieviel Wochen machst Du im Jahr Urlaub, in denen Du verreist? Sag mir bitte, wieviel Wochen Du im Sommer, im Winter oder zu anderen Jahreszeiten unterwegs bist. Denk dabei nur an solche Urlaubsreisen, die länger als 5 Tage dauern.
(Interviewer: auf volle Wochen runden!)

Sommerurlaub:	___ ___	Wochen pro Jahr	(31/32)	->Frage 11
Winterurlaub:	___ ___	Wochen pro Jahr	(33)	->Frage 14
Sonstiger Urlaub:	___ ___	Wochen pro Jahr	(34)	->Frage 17
Ich fahre überhaupt nicht			(35)	->Frage 18

Mein Urlaub ändert sich von Jahr zu Jahr; genaue Angaben sind nicht möglich.			(36)	->Frage 17
(Gesamturlaub .... Wochen)			*(37/38)*	

---

11. *Nur für Sommerurlauber:* **Fährst Du überwiegend alleine, mit Freunden oder mit Deinen Eltern in den Sommerurlaub?**	– allein	1	(39)	->Frage 12
	– mit Freunden	2		->Frage 12
	– mit Eltern	3		->Frage 13
	– mal so mal so	4		->Frage 17

Nr.	Frage	Antwort	Ausprägung/Kode	Spalte	Verweis

12. *Nur für Sommerurlauber mit Freunden oder alleine:*
Wieviel Geld gibst Du für eine Sommertour aus, die Du alleine oder mit Freunden organisierst?
(Interviewer: bitte immer auf volle DM runden!)

DM: _ _ _ _ (40–43) –>Frage 17

---

13. *Nur für Sommerurlauber mit Eltern:*
Wieviel Taschengeld bekommst Du von Deinen Eltern, wenn Du sie auf einer Sommertour begleitest?

DM: _ _ _ _ (44–47) –>Frage 17

Frage	Antwort	Kode	Spalte	Verweis
14. *Nur für Winterurlauber:* **Fährst Du überwiegend allein, mit Freunden oder mit Deinen Eltern in den Winterurlaub?**	– allein	1	(48)	–>Frage 15
	– mit Freunden	2		–>Frage 15
	– mit Eltern	3		–>Frage 16
	– mal so mal so	4		–>Frage 17

15. *Nur für Winterurlauber mit Freunden oder allein:*
Wieviel Geld gibst Du für eine Wintertour aus, die Du allein oder mit Freunden organisierst?

DM: _ _ _ _ (49–52) –>Frage 17

---

16. *Nur für Winterurlauber mit Eltern:*
Wieviel Taschengeld bekommst Du von Deinen Eltern, wenn Du sie auf einer Wintertour begleitest?

DM: _ _ _ _ (53–56) –>Frage 17

Nr.	Frage	Antwort	Kode	Spalte
17.	**Benötigst Du für Deine Urlaubsreisen Sport– oder andere Freizeitartikel, die Du extra für Deinen Urlaub kaufen mußt oder kannst Du sie am Urlaubsort oder von Freunden und Bekannten ausleihen?**	– benötige keine Sportartikel	1	(57)
		– besitze alles, was ich brauche	2	
		– leihe Artikel am Urlaubsort aus	3	
		– leihe Artikel bei Freunden oder Bekannten aus	4	

Nr.	Frage	Antwort Ausprägung/Kode		Spalte	Verweis
18.	Die folgenden Fragen beziehen sich auf den Kauf Deiner Freizeitkleidung. Ist es für Dich sehr wichtig, wichtig oder eher unwichtig, ob Deine Freizeitkleidung auch zu Dir paßt?	– sehr wichtig	3	(58)	
		– wichtig	2		
		– eher unwichtig	1		
19.	Wo kaufst du Deine Freizeitkleidung überwiegend?	– bei	2	(59)	– >Frage 20
		– das ist verschieden	1		– >Frage 23
20.	Nur für Festgelegte: Wie gut ist die Kleidung, die man dort kaufen kann?	______________________ ______________________ ______________________ (60)			
21.	Liegt der Laden im Trend?	– ja, auf jeden Fall	4	(61)	
		– ja, im großen und ganzen	3		
		– eher nicht	2		
		– überhaupt nicht	1		
22.	Wie gut paßt der Laden zu Dir?	______________________ ______________________ ______________________ (62)			
23.	Besuchst Du regelmäßig oder hin und wieder auch Diskotheken?	– ja, regelmäßig	3	(63)	– >Frage 24
		– ja, hin und wieder	2		– >Frage 24
		– so gut wie garnicht	1		– >Frage 30

Nr.	Frage Antwort	Ausprägung/Kode	Spalte		Verweis
24.	*Nur für Besucher:* In welche Diskothek gehst Du am häufigsten?	–	2	(64)	–>Frage 25
		– unterschiedlich	1		–>Frage 30
25.	*Nur für diejenigen, die in eine bestimmte Diskothek gehen:* Liegt die Disko im Trend?	– ja, auf jeden Fall	4	(65)	
		– ja, im großen und ganzen	3		
		– eher nicht	2		
		– überhaupt nicht	1		
26.	Wie gut paßt die Disko zu Dir?	______ ______ ______ (66)			
27.	Welches Image hat die Disko im Kreis Deiner Freunde und Bekannten?	______ ______ ______ (67)			
28.	Gibt es bestimmte Wochentage, an denen Du dort am liebsten hingehst?	– ja, am	2	(68)	–>Frage 29
		– nein	1		–>Frage 30
29.	*Nur für regelmäßige Wochentagsbesucher:* Warum gehst Du gerade am .... in diese Diskothek?	______ ______ ______ (69)			

30. Es geht jetzt um Dein Verhalten als Verbraucher. Dazu habe ich eine Reihe von Behauptungen. Sage mir bitte zu jeder Behauptung, ob sie für Dich persönlich voll und ganz zutrifft, eher zutrifft, eher nicht zutrifft oder überhaupt nicht zutrifft.
(Interviewer: Liste vorlegen!)

	voll und ganz	eher zu	eher nicht zu	über- haupt nicht zu	Spalte	Verweis
Ich kaufe nur das, was ich wirklich brauche.	4 ---	3 ---	2 ---	1	(70)	
Bei allem, was ich kaufe, lege ich größten Wert auf Qualität.	4 ---	3 ---	2 ---	1	(71)	
Ich übe lieber Konsumverzicht als nichts zu sparen.	4 ---	3 ---	2 ---	1	(72)	
Bei langlebigen Gebrauchsgütern ist für mich ein guter Kundendienst kaufentscheidend.	4 ---	3 ---	2 ---	1	(73)	
Ich kaufe häufiger Dinge, die ich eigentlich gar nicht brauche, die mir einfach nur Spaß machen.	4 ---	3 ---	2 ---	1	(74)	
Ich informiere mich gründlich über die Vor- und Nachteile der Produkte.	4 ---	3 ---	2 ---	1	(75)	
Ich kaufe gern das technisch Neueste.	4 ---	3 ---	2 ---	1	(76)	
Bestimmte Waren des täglichen Bedarfs suche ich erst mal im Sonderangebot.	4 ---	3 ---	2 ---	1	(77)	
Über neue Produkte, Marktneuheiten halte ich mich immer auf dem Laufenden.	4 ---	3 ---	2 ---	1	(78)	
Für Produkte, die umweltfreundlich sind, zahle ich gerne etwas mehr.	4 ---	3 ---	2 ---	1	(79)	
Ich kaufe meist dort ein, wo es die Waren am billigsten gibt.	4 ---	3 ---	2 ---	1	(80)	Karte 3 (1)

	voll und ganz	eher zu	eher nicht zu	über-haupt nicht zu	
Ich achte im allgemeinen darauf, welche Firma das Produkt herstellt.	4 ---	3 ---	2 ---	1	(2)
Ich habe ständig Geldsorgen.	4 ---	3 ---	2 ---	1	(3)
Über das, was die Dinge kosten, bin ich immer bestens informiert.	4 ---	3 ---	2 ---	1	(4)
Bei der Wahl zwischen neuen und gebrauchten Produkten ziehe ich in der Regel die gebrauchten vor.	4 ---	3 ---	2 ---	1	(5)
Um das wirtschaftliche Wachstum mit all seinen negativen Konsequenzen nicht noch weiter anzuheizen, sollte man auf eine Ausweitung des Konsums verzichten und lieber einfacher und bescheidener leben.	4 ---	3 ---	2 ---	1	(6)
Mir sitzt das Geld locker in der Tasche.	4 ---	3 ---	2 ---	1	(7)
Bei Waren des täglichen Bedarfs ziehe ich Produkte vor, die mit "naturrein" bzw. "biologisch" bezeichnet sind.	4 ---	3 ---	2 ---	1	(8)
Angesichts der Armut in vielen Ländern der Erde sollte man den eigenen Konsum einschränken und lieber anderen helfen.	4 ---	3 ---	2 ---	1	(9)
Ich bin nur zufrieden, wenn ich zu den Besten zähle.	4 ---	3 ---	2 ---	1	(10)
Ich kaufe gezielt umweltfreundliche Produkte.	4 ---	3 ---	2 ---	1	(11)

Antwort	voll und ganz		eher zu		eher nicht zu		über- haupt nicht zu	Spalte
Ich kaufe häufiger in teuren, exklusiven Geschäften.	4	---	3	---	2	---	1	(12)
Ich bin bereit mir manchen Wunsch zu versagen, um zunächst einmal in der Schule und im Beruf voranzukommen.	4	---	3	---	2	---	1	(13)
Ich informiere mich über Warentest-Ergebnisse.	4	---	3	---	2	---	1	(14)
Der Gedanke an ein überzogenes Konto beunruhigt mich.	4	---	3	---	2	---	1	(15)
Auch wenn man einen Teil seiner Freizeit opfern muß – die Anforderungen, die Schule und Beruf stellen gehen auf jeden Fall vor.	4	---	3	---	2	---	1	(16)
Auch wenn ich das Geld hätte, mir neue Produkte zu kaufen, ziehe ich gebrauchte vor.	4	---	3	---	2	---	1	(17)
Ich schränke meinen Konsum bewußt ein, um den allgemeinen Konsumgewohnheiten zu entgehen.	4	---	3	---	2	---	1	(18)
Manchmal mag es richtig sein, Freunde oder Bekannte zu verlieren, um in der Schule oder im Beruf voranzukommen.	4	---	3	---	2	---	1	(19)
Ich ziehe ein einfaches und bescheidenes Leben einem Leben in Luxus vor, auch wenn ich mir das erlauben könnte.	4	---	3	---	2	---	1	(20)
Ich tue lieber etwas, was ich gut kann, als mich an Dinge heranzuwagen, die für mich neu und schwierig sind.	4	---	3	---	2	---	1	(21)

	voll und ganz	eher zu	eher nicht zu	über-haupt nicht zu	
Ich mache außergewöhnliche Reisen und Urlaube.	4 ---	3 ---	2 ---	1	(22)
Ich trage gern auffallende, ungewöhnliche Kleidung.	4 ---	3 ---	2 ---	1	(23)
Ich betreibe ein außergewöhnliches Hobby, einen außergewöhnlichen Sport.	4 ---	3 ---	2 ---	1	(24)
Ich trage gerne ungewöhnliche Frisuren und Haarfarben.	4 ---	3 ---	2 ---	1	(25)
Ich fahre ein außergewöhnliches Fahrzeug (Auto, Motorrad, Moped).	4 ---	3 ---	2 ---	1	(26)
Ich gehe vor allem in solche Lokale und Diskotheken, die meinem persönlichen Stil entsprechen.	4 ---	3 ---	2 ---	1	(27)
Ich achte bei der Einrichtung meines Zimmers bzw. meiner Wohnung darauf, daß es bzw. sie sich von anderen unterscheidet.	4 ---	3 ---	2 ---	1	(28)

31. **Um unsere Umweltsituation zu verbessern, hat auch der einzelne die Möglichkeit, eine Reihe von Maßnahmen zu ergreifen. Bitte sag mir zu den folgenden Maßnahmen, ob Du sie bereits befolgst, für nachahmenswert oder für übertrieben hältst.**

	befolge ich bereits		nachahmens wert		über– trieben	
Einwegflaschen immer in Spezialcontainer bringen	3	----	2	----	1	(29)
Getränke nicht in Einweg–, sondern in Pfandflaschen kaufen	3	----	2	----	1	(30)
Verpackungsmaterial einsparen/ablehnen, wo es nur geht	3	----	2	----	1	(31)
Überwiegend umweltfreundliches Papier kaufen	3	----	2	----	1	(32)
Keine Produkte von Firmen kaufen, die in bezug auf den Umweltschutz ins Gerede gekommen sind	3	----	2	----	1	(33)
Lebensmittel mit Konservierungsstoffen meiden	3	----	2	----	1	(34)
Ungespritztes Obst und Gemüse kaufen, auch wenn es teurer ist	3	----	2	----	1	(35)
Die Haut mit Naturkosmetika pflegen	3	----	2	----	1	(36)
Vorzugsweise Produkte von deutschen Firmen kaufen	3	----	2	----	1	(37)
Textilien mit Kunstfaser vermeiden	3	----	2	----	1	(38)
Nur biologische Putz– und Waschmittel verwenden, auch wenn sie nicht so kräftig und sauber reinigen	3	----	2	----	1	(39)

32. Jeder Mensch hat irgendwelche Werte, die sein Leben und Verhalten bestimmen. Sag mir bitte bei den folgenden Werten, ob sie für Dich persönlich sehr wichtig, wichtig, eher unwichtig oder völlig unwichtig sind.
(Interviewer: Liste übergeben!)

	sehr wichtig	wichtig	eher unwichtig	völlig unwichtig	
Liebe	4 ---	3 ---	2 ---	1	(40)
Partnerschaftliche Treue	4 ---	3 ---	2 ---	1	(41)
eigene Kinder	4 ---	3 ---	2 ---	1	(42)
Heimatverbundenheit	4 ---	3 ---	2 ---	1	(43)
gutes Aussehen	4 ---	3 ---	2 ---	1	(44)
Glaube an Gott	4 ---	3 ---	2 ---	1	(45)
gute Freunde	4 ---	3 ---	2 ---	1	(46)
eine Berufstätigkeit, mit der ich mich voll identifizieren kann	4 ---	3 ---	2 ---	1	(47)
hohes Einkommen	4 ---	3 ---	2 ---	1	(48)
sicherer Arbeitsplatz	4 ---	3 ---	2 ---	1	(49)
berufliche Aufstiegsmöglichkeiten	4 ---	3 ---	2 ---	1	(50)
hohes Ansehen	4 ---	3 ---	2 ---	1	(51)
Entscheidungsbefugnisse	4 ---	3 ---	2 ---	1	(52)
anderen Menschen helfen zu können	4 ---	3 ---	2 ---	1	(53)
gute Manieren und Höflichkeit	4 ---	3 ---	2 ---	1	(54)

	sehr wichtig	wichtig	eher unwichtig	völlig unwichtig	
Disziplin und Ordnung	4 ---	3 ---	2 ---	1	(55)
Pflichterfüllung	4 ---	3 ---	2 ---	1	(56)
Fleiß	4 ---	3 ---	2 ---	1	(57)
Bescheidenheit	4 ---	3 ---	2 ---	1	(58)
Pünktlichkeit	4 ---	3 ---	2 ---	1	(59)
Anpassungsbereitschaft	4 ---	3 ---	2 ---	1	(60)
Emanzipation von Autoritäten	4 ---	3 ---	2 ---	1	(61)
Mitbestimmungsmöglichkeiten	4 ---	3 ---	2 ---	1	(62)
Abenteuer und Abwechslung	4 ---	3 ---	2 ---	1	(63)
Genuß, Lebensgenuß	4 ---	3 ---	2 ---	1	(64)
Selbstverwirklichung	4 ---	3 ---	2 ---	1	(65)
Selbständigkeit	4 ---	3 ---	2 ---	1	(66)
Kreativität	4 ---	3 ---	2 ---	1	(67)
Bildung	4 ---	3 ---	2 ---	1	(68)
Sex, Erotik	4 ---	3 ---	2 ---	1	(69)
Humor	4 ---	3 ---	2 ---	1	(70)

33. **Die folgenden Fragen beziehen sich auf Deinen persönlichen Lebensstil. Bitte gib zu jeder Behauptung an, ob sie für Dich persönlich voll und ganz, überwiegend, eher nicht oder überhaupt nicht zutrifft.**
(Interviewer: Liste vorlegen!)

	voll und ganz	über– wiegend	eher nicht	überhaupt nicht	Spalte	Verweis
Ich lebe besonders gesund.	4	3	2	1	(71)	
Ich verhalte mich besonders umweltbewußt.	4	3	2	1	(72)	
Ich führe ein Leben, das in gleichmässigen geordneten Bahnen verläuft.	4	3	2	1	(73)	
Für mich ist das Familienleben das Wichtigste.	4	3	2	1	(74)	
Ich führe ein beschauliches, besinnliches Leben.	4	3	2	1	(75)	
Ich arbeite überdurchschnittlich viel.	4	3	2	1	(76)	
Für mich ist die Freizeit das Wichtigste.	4	3	2	1	(77)	
Ich führe in meiner Freizeit Reparaturen und handwerkliche Arbeiten durch.	4	3	2	1	(78)	
Ich lebe in der Gegenwart und denke möglichst wenig an die Zukunft.	4	3	2	1	(79)	
Ich führe ein einfaches und bescheidenes Leben.	4	3	2	1	(80)	Karte 4 (1)
Ich gehe viel aus.	4	3	2	1	(2)	
Ich genieße das Leben in vollen Zügen.	4	3	2	1	(3)	
Ich gestalte mein Leben in erster Linie nach meinen eigenen Wünschen und Bedürfnissen.	4	3	2	1	(4)	

	voll und ganz	über-wiegend	eher nicht	überhaupt nicht	
Ich führe ein abwechslungsreiches Leben.	4 ---	3 ---	2 ---	1	(5)
Ich mache mir Sorgen über meine persönliche Zukunft.	4 ---	3 ---	2 ---	1	(6)
Ich betätige mich künstlerisch; z.B. musizieren, malen, zeichnen usw..	4 ---	3 ---	2 ---	1	(7)
Ich bin politisch aktiv.	4 ---	3 ---	2 ---	1	(8)
Ich setze mich aktiv ein für Hilfsbedürftige, Benachteiligte (Kranke, Behinderte, Arbeitslose u.a.m.).	4 ---	3 ---	2 ---	1	(9)
Ich lese viel zur Weiterbildung, Wissenserweiterung.	4 ---	3 ---	2 ---	1	(10)
Ich lese viel zur Unterhaltung, Entspannung.	4 ---	3 ---	2 ---	1	(11)
Ich gehe oft meinen kulturellen Interessen nach (Konzert, Oper, Theater, Museen, Ausstellungen).	4 ---	3 ---	2 ---	1	(12)
Ich betreibe regelmäßig Sport, Gymnastik, Fitnesstraining.	4 ---	3 ---	2 ---	1	(13)
Ich reise viel.	4 ---	3 ---	2 ---	1	(14)
Ich sehe relativ viel fern.	4 ---	3 ---	2 ---	1	(15)
Ich bin im Prinzip ein sparsamer Mensch.	4 ---	3 ---	2 ---	1	(16)
Ich bin in meiner Freizeit am liebsten mit Freunden zusammen.	4 ---	3 ---	2 ---	1	(17)
Die meiste freie Zeit faulenze ich rum.	4 ---	3 ---	2 ---	1	(18)
Ich verbringe die meiste freie Zeit in Vereinen (z.B. Sportverein).	4 ---	3 ---	2 ---	1	(19)

	voll und ganz	über– wiegend	eher nicht	überhaupt nicht	
In meiner Freizeit versuche ich, mein Taschengeld durch Arbeit aufzubessern.	4 –––	3 –––	2 –––	1	(20)
Ich gehe gern in Diskotheken.	4 –––	3 –––	2 –––	1	(21)
Wenn eben möglich, helfe ich meinen Eltern in der Freizeit im Haus oder im Garten.	4 –––	3 –––	2 –––	1	(22)

34. Es gibt zur Zeit eine Diskussion, was die Ziele der Bundesrepublik in den nächsten Jahren sein sollen. Auf dieser Liste sind einige Ziele aufgeführt, denen verschiedene Leute den Vorrang einräumen würden. Gib bitte für jedes einzelne Ziel an, ob es für Dich persönlich sehr wichtig, wichtig, weniger wichtig oder völlig unwichtig ist.
(Interviewer: Liste vorlegen!)

	sehr wichtig	wichtig	weniger wichtig	völlig unwichtig	
Aufrechterhaltung der Ordnung der Nation.	4 --	3 --	2 --	1	(23)
Verstärktes Mitspracherecht der Menschen bei wichtigen Regierungsentscheidungen.	4 --	3 --	2 --	1	(24)
Kampf gegen steigende Preise.	4 --	3 --	2 --	1	(25)
Schutz der freien Meinungsäußerung	4 --	3 --	2 --	1	(26)
Erhaltung eines hohen Grades wirtschaftlichen Wachstums.	4 --	3 --	2 --	1	(27)
Sicherung von starken Verteidigungskräften für dieses Land.	4 --	3 --	2 --	1	(28)
Verstärktes Mitspracherecht der Menschen an ihrem Arbeitsplatz und in ihren Gemeinden.	4 --	3 --	2 --	1	(29)
Versuch, unsere Städte und ländlichen Gebiete zu verschönern.	4 --	3 --	2 --	1	(30)
Eine stabile Wirtschaft.	4 --	3 --	2 --	1	(31)
Kampf gegen Verbrechen.	4 --	3 --	2 --	1	(32)
Fortschritt auf eine humanere, weniger unpersönliche Gesellschaft hin.	4 --	3 --	2 --	1	(33)
Fortschritt auf eine Gesellschaft hin, in der Ideen mehr zählen als Geld.	4 --	3 --	2 --	1	(34)
Wiedereingliederung der Arbeitslosen in das Berufsleben.	4 --	3 --	2 --	1	(35)

	sehr wichtig / wichtig / weniger wichtig / völlig unwichtig	
Förderung der beruflichen Aus– und Weiterbildung.	4 –– 3 –– 2 –– 1	(36)
Verkürzung der Lebensarbeitszeit.	4 –– 3 –– 2 –– 1	(37)
Stärkere Durchsetzung von Gleit–, Teilzeit und Jobsharing.	4 –– 3 –– 2 –– 1	(38)
Förderung des technischen Fortschritts.	4 –– 3 –– 2 –– 1	(39)
Für die Reinerhaltung von Böden und Gewässern sorgen.	4 –– 3 –– 2 –– 1	(40)
Gegen die Luftverschmutzung vorgeh-en.	4 –– 3 –– 2 –– 1	(41)
Sparsamer mit den Energievorräten und Rohstoffen umgehen.	4 –– 3 –– 2 –– 1	(42)
Förderung umweltfreundlicher Produkte und Verpackungen.	4 –– 3 –– 2 –– 1	(43)
Die Lärmbelästigung verringern.	4 –– 3 –– 2 –– 1	(44)
Maßnahmen zur Gesundheitsvorsorge verbessern.	4 –– 3 –– 2 –– 1	(45)
Das Bewußtsein für eine gesunde Lebensweise stärken.	4 –– 3 –– 2 –– 1	(46)
Die Integration der Ausländer in unsere Gesellschaft verbessern.	4 –– 3 –– 2 –– 1	(47)
Die Gleichberechtigung der Frau in allen Bereichen vorantreiben.	4 –– 3 –– 2 –– 1	(48)
Das Leistungsdenken wieder verstärken.	4 –– 3 –– 2 –– 1	(49)
Verringerung der Armut in unserem Land.	4 –– 3 –– 2 –– 1	(50)
Verstärkung des Kampfes gegen den Drogenmißbrauch.	4 –– 3 –– 2 –– 1	(51)

35. Im folgenden habe ich jetzt einige Fragen zum Geld. Geld kann man aus den verschiedensten Quellen erhalten. Gib bitte bei den folgenden Einnahmequellen an, ob Du aus ihnen regelmäßig Geld beziehst.
(Interviewer: Möglichkeiten vorlesen!)

	ja		nein	
Taschengeld von Eltern oder Verwandten	2	--------	1	(52)
Ausbildungsvergütung	2	--------	1	(53)
Lohn aus fester Erwerbstätigkeit	2	--------	1	(54)
Geld aus unregelmäßigen Jobs	2	--------	1	(55)
Staatliche Mittel wie Stipendien, Renten u.a.	2	--------	1	(56)
Einkünfte aus Vermögen	2	--------	1	(57)

36. Wenn Du alle oben genannten Einnahmequellen überblickst, wie hoch sind Deine Einkünfte pro Monat im Durchschnitt in etwa? (58–61)

DM pro Monat: _ _ _

37. Wieviel Prozent dieser Einkünfte stehen Dir nach Abzug der Ausgaben für Nahrung, Kleidung und Wohnung regelmäßig zu freien Verfügung? (62–64)

Prozentanteil: _ _ %

38. Und wieviel Prozent Deiner Einkünfte sparst Du regelmäßig bzw. verwendest Du möglicherweise zur Rückzahlung von Krediten?
(Falls nicht gespart wird, weiter mit Frage 40.)

Prozent: _ _ _ % (65/66)

---

39. Im folgenden habe ich eine Liste mit möglichen Sparformen. Bitte sag mir, welche auf Dich zutreffen.
(Interviewer: Liste übergeben!)

	stimmt		stimmt nicht	
Ich habe ein Sparbuch, auf das ich regelmäßig Geld einzahle.	2	--------	1	(67)
Meine Eltern sparen regelmäßig einen bestimmten Betrag für mich.	2	--------	1	(68)
Ich habe einen Bausparvertrag, auf den ich einzahle.	2	--------	1	(69)
Ich spare für eine Lebensversicherung.	2	--------	1	(70)
Ich spare zuhause mit meinem "Sparschwein".	2	--------	1	(71)

40. Wenn Du das Dir monatlich frei zur Verfügung stehende Geld mit dem Deiner Freunde und Bekannten vergleichst, verfügst Du dann über mehr, in etwa gleichviel oder über weniger Geld als sie?

– mehr Geld	3	(72)
– gleich viel	2	
– weniger Geld	1	

Nr.	Frage Antwort	Ausprägung/Kode	Spalte		Verweis
41.	Wohnst Du bei Deinen Eltern oder in einer eigenen Wohnung bzw. in einem eigenen Zimmer?	– bei den Eltern	1	(73)	
		– in eigener Wohnung bzw. Zimmer	2		
42.	Wie wohnt ihr (bzw. wie wohnen Deine Eltern), in einer Mietwohnung eines Mehrfamilienhauses, einer Eigentumswohnung, zu Miete in einem Reihenhaus oder Einfamilienhaus oder in einem eigenen Reihen– oder Einfamilienhaus?	– Mietwohnung in Mehrfamilienhaus	1	(74)	
		– Eigentumswohnung	2		
		– Miete im Reihenhaus	3		
		– Miete im Einfamilienhaus	4		
		– eigenes Reihenhaus	5		
		– eigenes Einfamilienhaus	6		
43.	Wie würdest Du die Ausstattung der Wohnung Deiner Eltern beurteilen: eher einfach und bescheiden, durchschnittlich oder eher luxuriös?	– einfach und bescheiden	1	(75)	
		– durchschnittlich	2		
		– eher luxuriös	3		
44.	Geschlecht	männlich	1	(76)	
		weiblich	2		
45.	Wie alt bist Du?				
	Alter in Jahren: __ __			(77/78)	

Nr.	Frage Antwort	Ausprägung/Kode	Spalte		Verweis
46.	Gehst Du zur Schule, bist Du in einer Berufausbildung oder schon berufstätig?	– Schüler	1	(79)	–>Frage 47
		– Auszubildender	2		–>Frage 49
		– Berufstätiger	3		–>Frage 52
		– Arbeitsloser	4		–>Frage 54
		– Sonstiges	5		–>Frage 54
47.	*Nur für Schüler und Hochschüler:* Welche Schule bzw. Hochschule besuchst Du zur Zeit?	– Hauptschule	1	(80)	Karte 5 (1)
		– Realschule	2		
		– Gymnasium	3		
		– Gesamtschule	4		
		– Laborschule	5		
		– Oberstufenkolleg	6		
		– Berufsbildungsjahr	7		
		– Berufsfindungsjahr	8		
		– Berufsfachschule	9		
		– Fachhochschule	10		
		– Universität	11		
		– sonstiges, und zwar	12		
48.	Welchen Beruf möchtest Du später ergreifen? Weiter mit –>Frage 57	__________ (2/3)			
49.	*Nur für Auszubildende:* In welcher Berufsausbildung bist Du?	__________ (4/5)			

50. **Welchen Schulabschluß hast Du?**

(6)

51. **Welchen Beruf möchtest Du später ausüben?** –>Frage 57

(7/8)

52. *Nur für Berufstätige*
Welchen Beruf übst Du aus?

(9/10)

53. **Welchen Schulabschluß hast Du?** –>Frage 57

(11)

54. *Für Arbeitslose und sonstiges:*
Welchen Schulabschluß hast Du?

---

(12)

---

55. **Welche Berufsausbildung hast Du?**

(13/14)

---

56. **Welchen Beruf möchtest Du ergreifen?** — >Frage 57

(15/16)

Nr. Frage	Antwort Ausprägung/Kode		Spalte	Verweis
57. **Welcher Konfession gehörst Du an?**	– katholisch	4	(17)	
	– protestantisch	3		
	– konfessionslos	2		
	– sonstige, und zwar	1		

58. Welche der folgenden Zeitschriften und Illustrierten liest Du regelmäßig, hin und wieder oder eher selten?

(Interviewer: Liste vorgeben!)

	regel-mäßig		hin und wieder		eher selten		unbe-kannt	
ADAC	4	---	3	---	2	---	1	(18)
Stern	4	---	3	---	2	---	1	(19)
Bravo	4	---	3	---	2	---	1	(20)
Der Spiegel	4	---	3	---	2	---	1	(21)
Brigitte	4	---	3	---	2	---	1	(22)
Neue Revue	4	---	3	---	2	---	1	(23)
Tina	4	---	3	---	2	---	1	(24)
Freundin	4	---	3	---	2	---	1	(25)
Bunte	4	---	3	---	2	---	1	(26)
Motorrad	4	---	3	---	2	---	1	(27)
Auto, Motor und Sport	4	---	3	---	2	---	1	(28)
Kicker	4	---	3	---	2	---	1	(29)
Quick	4	---	3	---	2	---	1	(30)
Rocky	4	---	3	---	2	---	1	(31)
Petra	4	---	3	---	2	---	1	(32)
Carina	4	---	3	---	2	---	1	(33)
Nicole	4	---	3	---	2	---	1	(34)
Tempo	4	---	3	---	2	---	1	(35)
Wiener	4	---	3	---	2	---	1	(36)
Esquire	4	---	3	---	2	---	1	(37)
Cosmopolitan	4	---	3	---	2	---	1	(38)
SPEX	4	---	3	---	2	---	1	(39)
sonstige, namentlich	4	---	3	---	2	---	1	(40)

Nr. Frage	Antwort	Ausprägung/Kode	Spalte	Verweis
59. Liest Du regelmäßig, hin und wieder oder eher selten die regionalen Tageszeitungen?	regelmäßig	3	(41)	
	hin und wieder	2		
	eher selten	1		
60. Liest Du regelmäßig, hin und wieder oder eher selten überregionale Tageszeitungen?	regelmäßig	3	(42)	
	hin und wieder	2		
	eher selten	1		

61. Aus welchem der folgenden Musikbereiche kaufst Du häufiger, hin und wieder, so gut wie gar keine Platten?

	häufig	hin und wieder	so gut wie gar nicht	Spalte
Rockmusik	3 ------	2 -------	1	(43)
Popmusik (Charts)	3 ------	2 -------	1	(44)
klassische Musik	3 ------	2 -------	1	(45)
Disko – Musik	3 ------	2 -------	1	(46)
Soul – Musik	3 ------	2 -------	1	(47)
Jazz	3 ------	2 -------	1	(48)
Independent	3 ------	2 -------	1	(49)
Sonstige, welche?	3 ------	2 -------	1	(50)

62. Besuchst Du häufig, hin und wieder oder so gut wie gar nicht die folgenden Konzertarten?

	häufig	hin und wieder	so gut wie gar nicht	Spalte
Rockkonzerte	3 ------	2 -------	1	(51)
Popkonzerte	3 ------	2 -------	1	(52)
klassische Konzerte	3 ------	2 -------	1	(53)
Diskomusikkonzerte	3 ------	2 -------	1	(54)
Soulveranstaltungen	3 ------	2 -------	1	(55)
Jazz – Konzerte	3 ------	2 -------	1	(56)
Auftritte von Independent – Bands	3 ------	2 -------	1	(57)
Sonstige Konzerte, welche?	3 ------	2 -------	1	(58)

63. Gehst Du häufig, hin und wieder oder so gut wie gar nicht in die folgenden Kinos?

	häufig	hin und wieder	so gut wie gar nicht	Spalte
Kommerzielle Kinos (z.B. Skala, Atrium)	3 ----	2 ----	1	(59)
Programmkinos (z.B. Kamera)	3 ----	2 ----	1	(60)
Lichtwerk	3 ----	2 ----	1	(61)
Sonstige, welche?	3 ----	2 ----	1	(62)

64. Leihst Du Dir regelmäßig, hin und wieder oder so gut wie gar nicht Videofilme aus?

Ausprägung	Kode	Spalte	Verweis
regelmäßig	3	(63)	–>Frage 65
hin und wieder	2		–>Frage 65
so gut wie gar nicht	1		–>Frage 66

65. Was für Videofilme sind das überwiegend?

	ja	nein	Spalte
Action–Filme	2 --------	1	(64)
Horror–Filme	2 --------	1	(65)
Science Fiction–, Phantasy–Filme	2 --------	1	(66)
Komödien	2 --------	1	(67)
Erzählfilme	2 --------	1	(68)
Musikvideos	2 --------	1	(69)
Pornofilme	2 --------	1	(70)
Sonstige, welche?	2 --------	1	(71)

66. **Ich habe im folgenden einige Situationen zusammengestellt, in die man beim Kauf einer Jacke zum Beispiel kommen kann. Wie würdest Du Dich in diesen Situationen entscheiden?**
(Interviewer: Liste mit Situationen übergeben!)

Situation	Ausprägung	Kode	Spalte
Situation 1: **Du siehst in einem Geschäft eine tolle Jacke, die Dir gut steht und mit der Du auch bei Deinen Freunden und Bekannten Eindruck machen würdest. Du müßtest dafür aber fast Dein ganzes Dir zur Zeit zur Verfügung stehendes Geld ausgeben.**	Ich würde...		
	die Jacke auf jeden Fall kaufen	3	(72)
	solange sparen, bis ich mir die Jacke ohne Schwierigkeiten kaufen kann	2	
	auf den Kauf verzichten.	1	
Situation 2: **Du siehst in einem Geschäft eine Jakke, die Dir zwar gut gefällt, die im Kreis Deiner Freunde und Bekannten aber nichts Besonderes darstellt. Auch hierfür müßtest Du fast Dein ganzes Geld ausgeben.**	Ich würde...		
	die Jacke auf jeden Fall kaufen	3	(73)
	solange sparen, bis ich mir die Jacke ohne Schwierigkeiten kaufen könnte	2	
	auf den Kauf verzichten.	1	
Situation 3: **Du siehst in einem Geschäft eine Jakke, die Du selbst zwar nicht unbedingt brauchst, die aber sicherlich im Bekanntenkreis einen großen Eindruck hinterlassen würde. Vom Preis her könntest Du Dir die Jacke ohne weiteres leisten.**	Ich würde...		
	die Jacke auf jeden Fall kaufen	3	(74)
	erst noch einmal überlegen, ob ich die Jacke wirklich brauche	2	
	auf den Kauf verzichten.	1	
Situation 4: **Du siehst in einem Geschäft eine preiswerte Jacke, die Dir persönlich zwar gut gefällt, aber ansonsten nichts Ungewöhliches darstellt. Vom Preis her könntest Du sie Dir ohne weiteres leisten.**	Ich würde...		
	die Jacke auf jeden Fall kaufen	3	(75)
	da Ganze erst noch einmal überlegen	2	
	auf den Kauf verzichten.	1	

Nr. Frage	Antwort	Ausprägung/Kode	Spalte	Verweis
67.	**Wenn Du an die Zeit zurückdenkst, als Du etwa 12 Jahre alt warst: Hast Du von Deinen Eltern ein regelmäßiges Taschengeld bekommen oder haben sie Dir von Fall zu Fall das gegeben, was Du brauchtest?**	– regelmäßiges Taschengeld	3	(76)	
		– Taschengeld und fallweise Geld	2		
		– überwiegend nur Geld von Fall zu Fall	1		
68.	**Konntest Du über Dein Taschengeld immer frei verfügen oder haben Deine Eltern Einschränkungen gemacht, was Du Dir kaufen durftest?**	– immer frei verfügen	3	(77)	
		– unterschiedlich	2		
		– viele Einschränkungen	1		
69.	**Haben Dich Deine Eltern zum regelmäßigen Sparen angehalten oder war ihnen das nicht so wichtig?**	– zum regelmäßigen Sparen angehalten	2	(78)	
		– war nicht so wichtig	1		
70.	**Wenn Du mit Deinen Eltern zum Einkaufen gefahren bist, haben sie dann vor dem Kauf die Preise miteinander verglichen oder war ihnen das nicht so wichtig?**	– regelmäßige Preisvergleiche	2	(79)	
		– war nicht so wichtig	1		
71.	**Wenn Deine Eltern für Dich persönlich etwas gekauft haben, sind sie dann eher Deinen spontanen Wünschen gefolgt oder haben sie das mit Dir gründlich beraten?**	– meinen spontanen Wünschen gefolgt	1	(80)	Karte 6 (1)
		– mit mir gründlich beraten	2		
		– anderes, was?	3		

____

____

(2)

Nr.	Frage	Antwort	Ausprägung/Kode	Spalte	Verweis
72.	Wieviele Personen umfaßt Dein engerer Freundes– und Bekanntenkreis; und wieviele sind davon Jungen und wieviele Mädchen?	_ _ _Personen, davon sind		(3/4)	
		_ _ _ Mädchen			
		_ _ _ Jungen		(5/6)	
73.	Wie setzt sich Dein Freundes– bzw. Bekanntenkreis überwiegend zusammen? Sind es <u>überwiegend:</u> Schüler, Auszubildende, Berufstätige, Studenten oder ist er eher gemischt?	Schüler	1	(7)	
		Auszubildende	2		
		Berufstätige	3		
		Studenten	4		
		gemischt	5		
74.	Sind Deine Freunde bzw. Bekannte im Durchschnitt älter, gleichaltrig oder jünger als Du?	älter	3	(8)	
		gleichaltrig	2		
		jünger	1		
75.	Unternimmst Du eher mehr mit Deinen Freunden oder Freundinnen?	Freunden	1	(9)	
		Freundinnen	2		
		gleich viel	3		

Nr.	Frage Antwort	Ausprägung/Kode	Spalte		Verweis
76.	**Bist Du in einem Kreis von jungen Leuten, der sich regelmäßig oder öfters trifft und sich zusammengehörig fühlt? Ich meine keinen Verein oder Verband.**	– ja, regelmäßig	3	(10)	
		– ja, öfters	2		
		– nein	1		–>Frage 79
77.	**Läßt sich dieser Kreis durch irgendwelche Merkmale besonders charakterisieren? Ich meine, gibt es hier typische Interessen, eine typische Kleidung oder typische Orte, die man aufsucht?**	– nein	1	(11)	
		– ja, durch folgende Merkmale:	2		
		________________ ________________ ________________ (12)			
78.	**Wird in diesem Kreis auch häufiger darüber gesprochen, was man sich kaufen soll, was gerade "in" ist oder was man gar nicht kaufen sollte?**	– ja, regelmäßig	3	(13)	
		– ja, hin und wieder	2		
		– nein, so gut wie gar nicht	1		
79.	**Bitte nenne mir alle Gruppen und Organisationen, denen Du zur Zeit angehörst:**	________________ ________________ ________________ ________________ (14–19)			

Nr.	Frage Antwort	Ausprägung/Kode	Spalte	Verweis
80.	Die folgenden Fragen beziehen sich auf die Werbung in Funk, Fernsehen und in Zeitungen bzw. Zeitschriften. Siehst Du Dir die Werbung im Fernsehen regelmäßig, selten oder so gut wie gar nicht an?	– häufig	3	(20)
		– selten	2	
		– so gut wie gar nicht	1	
81.	Und wie steht es mit der Rundfunkwerbung: Läßt Du den Sender in der Regel eingeschaltet und hörst Dir die Werbung an, oder wendest Du Dich solange ab?	– höre mir die Werbung an	3	(21)
		– mal so, mal so	2	
		– wende mich ab	1	
82.	Und die Werbung in den Zeitschriften oder Zeitungen: Liest Du Anzeigen in der Regel mit, nur dann, wenn sie auffallend und gut gemacht sind oder blätterst Du grundsätzlich darüber hinweg?	– lese regelmäßig mit	3	(22)
		– nur die guten Anzeigen	2	
		– blättere darüber hinweg	1	
83.	Glaubst Du, daß Du relativ stark, nur unbedeutend oder so gut wie gar nicht von der Werbung in Deinen Kaufentscheidungen beeinflußt wirst?	– stark beeinflußt	3	(23)
		– nur unbedeutend	2	
		– so gut wie gar nicht	1	

Nr. Frage	Antwort	Ausprägung/Kode	Spalte	Verweis

84. Wie lautet die genaue Berufsbezeichnung Deines Vaters und Deiner Mutter? Falls derzeit nicht berufstätig, auf die letzte Berufstätigkeit beziehen.

Mein Vater ist bzw. war .... (24/25)
Meine Mutter ist bzw. war .... (26/27)

	Vater	Mutter		
Selbständige:				
Kleinere Selbständige (z.B.: Einzelhändler mit kleinem Geschäft, Handwerker, kleiner Landwirt)	1	1	V(28)	M(29)
Mittlere Selbständige (z.B.: Einzelhändler mit größerem Geschäft, Hauptvertreter, größerer Landwirt)	2	2		
Freie Berufe, selbständiger Akademiker	3	3		
Angestellte:				
Ausführende Angestellte (z.B.: Verkäufer, Schreibkraft)	1	1	V(30)	M(31)
Qualifizierte Angestellte (z.B.: Sachbearbeiter, Buchhalter)	2	2		
Leitende Angestellte (z.B.: Abteilungsleiter, Prokurist)	3	3		
Top-Manager	4	4		
Beamte:				
im einfachen, mittleren Dienst	1	1	V(32)	M(33)
im gehobenen Dienst	2	2		
im höheren Dienst bis A 16	3	3		
im höheren Dienst (B-Besoldung)	4	4		
Arbeiter:				
ungelernte Arbeiter	1	1	V(34)	M(35)
angelernte Arbeiter	2	2		
Facharbeiter	3	3		
nie berufstätig gewesen	4	4		
Hausfrau/Hausmann	5	5		

Nr. Frage Antwort	Ausprägung/Kode	Vater	Mutter
85. Welchen Bildungsabschluß haben bzw. hatten Deine Eltern? *(Interviewer: Nur den höchsten erreichten Abschluß eintragen!)*	– Volksschule	1	1
	– Mittelschule/Realschule	2	2
	– Abitur bzw. höherer Fachschulabschluß	3	3
	– Hochschulabschluß	4	4
		V(36)	M(37)
86. Wie hoch ist derzeit in etwa das durchschnittliche monatliche Nettoeinkommen im Haushalt Deiner Eltern?	bis unter 1000 DM	1	(38)
	1000 DM bis unter 1500 DM	2	
	1500 DM bis unter 2000 DM	3	
	2000 DM bis unter 3000 DM	4	
	3000 DM bis unter 4000 DM	5	
	4000 DM bis unter 5000 DM	6	
	5000 DM bis unter 8000 DM	7	
	8000 DM und mehr	8	
	keine Antwort/weiß nicht	9	

3. Fragebogen "DDR"

Forschungsgruppe
"Sozialer Wandel DDR"
Prof. Dr. E. Lange
Prof. Dr. P. Schöber

Nr.: __________
(2-5)

Fragebogen zum sozialen Wandel in der DDR am Beispiel der Stadt Wittenberg

Gesprächseinleitung des Interviewers:

Mein Name ist ....
Ich komme im Auftrag der Fakultät für Soziologie der Universität Bielefeld. Wir führen ein Forschungsprojekt durch, das sich mit den sozialen und wirtschaftlichen Folgeproblemen beschäftigt, die sich für die DDR aufgrund der wirtschaftlichen und politischen Vereinigung der beiden deutschen Staaten ergeben. Diese Probleme sollen beispielhaft an der Stadt Wittenberg untersucht werden. Das Forschungsprojekt wird von der Stadt Wittenberg und der Bundesregierung unterstützt.

Ihre Teilnahme an dieser Befragung ist freiwillig. Die Auswertung der Daten erfolgt anonym und in verallgemeinerter Form. An keiner Stelle werden Namen mit Antworten in Verbindung gebracht. Die Erhebung und die Auswertung entsprechen den Vorschriften des Datenschutzes der Bundesrepublik.

Da die Ergebnisse der Untersuchung mit dazu beitragen sollen, daß sowohl die Stadt Wittenberg als auch die Bundesregierung mögliche auftretende Probleme rascher erkennen und geeignete Maßnahmen zu ihrer Lösung ergreifen können, möchte ich Sie bitten, mir einige Fragen zu beantworten.

Die Ergebnisse werden auch der Bevölkerung in Wittenberg laufend in geeigneter Form, z.B. über Pressemitteilungen, zugänglich gemacht.

Auszug aus dem Fragebogen

4. Jeder Mensch hat irgendwelche Werte, die sein Leben und Verhalten bestimmen. Sagen Sie mir bitte bei den folgenden Werten, ob sie für Sie persönlich sehr wichtig, wichtig, eher unwichtig oder völlig unwichtig sind.

(Interviewer: Liste übergeben!)

	sehr wichtig	wichtig	eher unwichtig	völlig unwichtig	
Liebe	4	3	2	1	(69)
Partnerschaftliche Treue	4	3	2	1	(70)
eigene Kinder	4	3	2	1	(71)
Heimatverbundenheit	4	3	2	1	(72)
Glaube an Gott	4	3	2	1	(73)
gute Freunde	4	3	2	1	(74)
ein gutes Familienleben	4	3	2	1	(75)
eine Berufstätigkeit, mit der ich mich voll identifizieren kann	4	3	2	1	(76)
hohes Einkommen	4	3	2	1	(77)
sicherer Arbeitsplatz	4	3	2	1	(78)
berufliche Aufstiegsmöglichkeiten	4	3	2	1	(79)
hohes Ansehen	4	3	2	1	(80)
Karte 3 (1)					
Entscheidungsbefugnisse	4	3	2	1	(2)
anderen Menschen helfen zu können	4	3	2	1	(3)
gute Manieren und Höflichkeit	4	3	2	1	(4)
Disziplin und Ordnung	4	3	2	1	(5)
Pflichterfüllung	4	3	2	1	(6)
Fleiß	4	3	2	1	(7)
Bescheidenheit	4	3	2	1	(8)
Pünktlichkeit	4	3	2	1	(9)
Anpassungsbereitschaft	4	3	2	1	(10)
betriebliche Mitbestimmung	4	3	2	1	(11)
Mitbestimmung am Arbeitsplatz	4	3	2	1	(12)
Abenteuer und Abwechslung	4	3	2	1	(13)
Genuß, Lebensgenuß	4	3	2	1	(14)
Selbstverwirklichung	4	3	2	1	(15)
Selbständigkeit	4	3	2	1	(16)
Kreativität	4	3	2	1	(17)
Bildung	4	3	2	1	(18)
Sex, Erotik	4	3	2	1	(19)
Humor	4	3	2	1	(20)
Initiative	4	3	2	1	(21)
Eigenverantwortung	4	3	2	1	(22)

5. Die folgenden Fragen beziehen sich auf Ihren persönlichen Lebensstil. Bitte geben Sie zu jeder Behauptung an, ob sie für Sie persönlich voll und ganz, überwiegend, eher nicht oder überhaupt nicht zutrifft.

	trifft völlig zu	trifft über-wie-gend zu	trifft eher nicht zu	trifft gar nicht zu	
Ich führe ein Leben, das in gleichmäßigen geordneten Bahnen verläuft.	4	3	2	1	(23)
Für mich ist das Familienleben das Wichtigste.	4	3	2	1	(24)
Für mich ist die Freizeit das Wichtigste.	4	3	2	1	(25)
Ich führe ein einfaches und bescheidenes Leben.	4	3	2	1	(26)
Ich gestalte mein Leben in erster Linie nach meinen eigenen Wünschen und Bedürfnissen.	4	3	2	1	(27)
Ich sehe regelmäßig westliche Fernsehsendungen.	4	3	2	1	(28)
Ich betätige mich künstlerisch; z.B. musizieren, malen, zeichnen usw.	4	3	2	1	(29)
Ich setze mich aktiv ein für Hilfsbedürftige, Benachteiligte (Kranke, Behinderte, Arbeitslose u.a.m.).	4	3	2	1	(30)
Ich treibe regelmäßig Sport.	4	3	2	1	(31)
In meiner Freizeit bin ich so oft wie möglich im Garten oder in der Datscha.	4	3	2	1	(32)
Ich lese viele gute Bücher.	4	3	2	1	(33)
Ich gehe oft meinen kulturellen Interessen nach (Konzert, Oper, Theater, Museen, Ausstellungen).	4	3	2	1	(34)
Ich bin bereit, die Ärmel aufzukrämpeln und anzufassen, um die Verhältnisse hier zu verbessern.	4	3	2	1	(35)
Im Fernsehen interessieren mich die politischen Sendungen ganz besonders.	4	3	2	1	(36)
Ich lese regelmäßig westliche Tageszeitungen.	4	3	2	1	(37)
Um voranzukommen, braucht man in erster Linie Glück und gute Beziehungen.	4	3	2	1	(38)
In jeder Lebenssituation kann man selbst etwas tun, um den Ausgang der Dinge zu beeinflussen.	4	3	2	1	(39)
Ich bin in meiner Freizeit am liebsten mit Freunden zusammen.	4	3	2	1	(40)

6. Es gibt zur Zeit eine Diskussion, welche Ziele in Deutschland in den nächsten Jahren verfolgt werden sollen. Auf dieser Liste sind einige Ziele aufgeführt, denen verschiedene Leute den Vorrang einräumen würden. Geben Sie bitte für jedes einzelne Ziel an, ob es für Sie persönlich sehr wichtig, wichtig, weniger wichtig oder völlig unwichtig ist.

(Interviewer: Liste vorlegen!)

	sehr wichtig	wichtig	eher unwichtig	völlig unwichtig	
Aufrechterhaltung der öffentlichen Ordnung.	4	3	2	1	(41)
Demokratisches Mitwirkungsrecht der Menschen bei wichtigen staatlichen und kommunalen Entscheidungen.	4	3	2	1	(42)
Kampf gegen steigende Preise.	4	3	2	1	(43)
Erhaltung eines hohen Grades wirtschaftlichen Wachstums.	4	3	2	1	(44)
Sicherung von starken Verteidigungskräften.	4	3	2	1	(45)
Verstärktes Mitwirkungsrecht der Menschen an ihren Arbeitsplätzen und in ihren Betrieben.	4	3	2	1	(46)
Versuch, unsere Städte und ländlichen Gebiete zu verschönern.	4	3	2	1	(47)
Eine stabile Wirtschaft.	4	3	2	1	(48)
Kampf gegen Verbrechen.	4	3	2	1	(49)
Fortschritt auf eine humanere, weniger unpersönliche Gesellschaft hin.	4	3	2	1	(50)
Fortschritt auf eine Gesellschaft hin, in der Ideen mehr zählen als Geld.	4	3	2	1	(51)
Erhaltung der Vollbeschäftigung.	4	3	2	1	(52)
Förderung der beruflichen Aus- und Weiterbildung.	4	3	2	1	(53)
Verkürzung der Lebensarbeitszeit.	4	3	2	1	(54)
Stärkere Durchsetzung von Gleitzeit- und Teilzeitarbeit.	4	3	2	1	(55)
Förderung des technischen Fortschritts.	4	3	2	1	(56)
Für die Reinerhaltung von Böden und Gewässern sorgen.	4	3	2	1	(57)
Gegen die Luftverschmutzung vorgehen.	4	3	2	1	(58)
Sparsamer mit den Energievorräten und Rohstoffen umgehen.	4	3	2	1	(59)
Förderung umweltfreundlicher Produkte und Verpackungen.	4	3	2	1	(60)
Die Lärmbelästigung verringern.	4	3	2	1	(61)
Schutz der freien Meinungsäußerung.	4	3	2	1	(62)
Maßnahmen zur Gesundheitsvorsorge verbessern.	4	3	2	1	(63)
Das Bewußtsein für eine gesunde Lebensweise stärken.	4	3	2	1	(64)
Sicherung der Pressefreiheit.	4	3	2	1	(65)

Die Lebensbedingungen der Ausländer in unserer Gesellschaft verbessern.	4	3	2	1	(66)
Förderung der Menschenrechte.	4	3	2	1	(67)
Die Gleichberechtigung der Frau in allen Bereichen vorantreiben.	4	3	2	1	(68)
Das Leistungsdenken wieder verstärken.	4	3	2	1	(69)
Kampf gegen den Rechtsradikalismus.	4	3	2	1	(70)
Verringerung der Armut in unserem Land.	4	3	2	1	(71)
Verstärkung des Kampfes gegen den Drogenmißbrauch.	4	3	2	1	(72)
Stärkung von Polizei und Justiz.	4	3	2	1	(73)
Sicherung des Rechtsstaates.	4	3	2	1	(74)
Erhaltung und Ausbau des Systems der Gewaltenteilung.	4	3	2	1	(75)
Sicherung des Friedens.	4	3	2	1	(76)
Die soziale Gerechtigkeit erhöhen.	4	3	2	1	(77)

14. Wenn Sie einmal alle Einkommensquellen in Ihrem Haushalt zusammenzählen, wie hoch ist dann derzeit in etwa das durchschnittliche monatliche Nettoeinkommen in Ihrem Haushalt (bei Jugendlichen: im Haushalt Ihrer Eltern)?

Karte 5 (1)

DM................. (2-6)

22. Nur für Schüler und Hochschüler:

22.1. Welche Schule bzw. Hochschule besuchen Sie zur Zeit? (50)

22.2. Welchen Beruf möchten Sie später ergreifen? (51/52)

22.3. Wieviel Geld steht Ihnen monatlich zur Verfügung, wenn Sie alle Geldquellen vom Taschengeld bis zu staatlichen Zuweisungen berücksichtigen?

DM............ (53-56)

22.4. Welchen Schulabschluß haben Ihre Eltern?

Vater: .... (57)

Mutter:.......................... (58)

23. Nur für Lehrlinge:

23.1. In welcher Berufsausbildung befinden Sie sich? (59/60)

23.2. Welchen Schulabschluß haben Sie? 61)

23.3. Welchen Beruf möchten Sie später ausüben? 62/63)

23.4. Wieviel Geld steht Ihnen monatlich zur Verfügung, wenn Sie alle Geldquellen, die Ihnen zur Verfügung stehen, berücksichtigen?

DM............ 64-67)

23.5.	Welchen Schulabschluß haben Ihre Eltern ?	
	Vater:.......................	(68)
	Mutter:......................	(69)

24. Für Arbeitslose, Umschüler, Wehr- und Zivildienstleistende und Sonstige:

24.1.	Welchen Schulabschluß haben Sie?	(70)
24.2.	Welche Berufsausbildung haben Sie?	(71/72)
24.3.	Welchen Beruf möchten Sie ergreifen bzw. haben Sie früher schon ausgeübt?	(73/74)

Zum Abschluß noch einige statistische Fragen:

37.	Geschlecht		(70)
	männlich	1	
	weiblich	2	

38. Wie alt sind Sie?

Alter in Jahren: _______ (71/72)

39.	Welchen Familienstand haben Sie? (73)	
	ledig	1 ---> Frage 40
	verheiratet	2 ---> Frage 41
	verwitwet	3 ---> Frage 40
	geschieden	4 ---> Frage 40

4. Mitarbeiter der Untersuchungen

Zum Schluß möchte ich mich bei meinen Mitarbeitern bedanken, die zum Gelingen der vorgestellten Untersuchungen beigetragen haben. In der Bielefelder Untersuchung bestand die Projektgruppe aus den folgenden studentischen Mitgliedern eines Integrierten Methodenkurses, die aktiv an der Konzeption der Untersuchung, der Datenerhebung, Dateneingabe und der Datenanalyse mitgearbeitet haben: Petra Glaubitz, Uwe Ziemann, Thomas Abelein, Christian Adam, Cornelia Borgards, Ina Breer, gen. Notteboom, Kerstin Kramer, Klaus Derwort, Ded Faßbender, Olaf Greife, Peggy Horstkötter, Jürgen Krull, Frauke Lönker, Sabine Pfeffer, Steffen Roski, Jolanta Schultz, Kirsten Tirre, Silvia Wieseler und Frank Wilkening.

Die Untersuchung in der Lutherstadt Wittenberg wurde von Prof. Dr. Peter Schöber mitgeleitet, dem ich an dieser Stelle für viele Anregungen danke. Die eigentliche Last der Feldforschung vor Ort wurde von den folgenden studentischen Mitarbeitern getragen, denen hier ebenfalls Dank zu sagen ist: Klaus Derwort, Ded Faßbender, Steffen Roski, Christian Trapp und Uwe Ziemann.